# ひろがる観光のフィールド

谷口知司・福井弘幸

**編著**

晃洋書房

# まえがき

　前書『これからの観光を考える』の出版からおおよそ3年が経過した.

　本書の一部の章は前書を改訂しただけの部分もあり，出版にあたり，書名を『改訂版　これからの観光を考える』とすることも考えた．一方で新たな執筆者も加わり，章構成を改め，全く新たに執筆した章もあるため，関係者のご理解を得て，新しい書籍として出版することにした.

　本書の執筆にあたっての基本的な方針は前書と同じである．執筆者は普段から大学で多くの若者たちに接し，教育に取り組んでいる第一線の研究者であり，また観光の実務に精通している者である．私たちは，観光に興味を持つ若者たちが，観光について何を学ばなければならないのか，そのために彼らにどのように伝えなければならないのかということを日々考えている者たちばかりである.

　本書の題名を『ひろがる観光のフィールド』としたのは，観光を学ぶべき対象としてとらえた時に，日本を支える成長産業であるという視点と共に，これまでの観光に加えて，新たなひろがりを見せる観光の形態や，SDGsにみられる責任としての持続可能性が求められるようになってくるなど，そのフィールドはひろがりつつある．そのため，こうしたさまざまな観光の側面をわかりやすく解説することに注力したものにしたからである.

　なお，本書は全体で11個の章から構成されているが，基本的には前から順番に読み進めていただくことで，観光の諸分野とおおよその構造について理解していただけるようにした．しかしながら読者の皆さんたちの興味関心に沿って読み進めていただいてもいいように各章で完結するようにも配慮している．そのため若干，内容に重複が見られる部分もあるが，あえて調整はしていない．本書が読者の皆さん方のお役に立てることを願っている.

　最後に，本書の出版に取り組んでいただいた晃洋書房の皆さん，特に編集部の西村喜夫さん，野田純一郎さんに編者および執筆者を代表して感謝の意を表します.

　2020年2月

谷 口 知 司

# 目　　次

まえがき

## 第1章　観光を概観する ……………………………………（1）

1.1　日本の観光政策と重点課題　（1）

1.2　日本の観光の現状　（3）

1.3　旅，旅行，観光，ツーリズムについて　（7）

1.4　観光の理念　（9）

1.5　観光と環境　（10）

1.6　観光の歴史　（12）

1.7　観光の構成要素　（16）

## 第2章　旅行業と観光 ……………………………………（19）

は じ め に　（19）

2.1　旅行業の枠組み　（19）

2.2　旅行業の仕事の中身（業務内容）　（23）

2.3　旅行業の基本的機能と役割　（23）

2.4　旅行市場の発展過程と旅行ビジネスの進化　（27）

お わ り に　（35）

## 第3章　交通機関と観光 ……………………………………（41）

は じ め に　（41）

3.1　鉄道と観光　（42）

3.2　航空機（旅客機）と観光　（49）

3.3 船　　　舶（客船）(53)

おわりに (56)


## 第4章　宿泊業と観光 ……………………………………… (59)

はじめに (59)

4.1 宿泊業の分類 (60)

4.2 ホテル経営 (62)

4.3 旅館経営 (67)

4.4 新しい宿泊業 (69)

おわりに (75)


## 第5章　観光行動 ……………………………………………… (81)

はじめに (81)

5.1 観光者の意思決定プロセス (82)

5.2 観光者の思い出 (85)

5.3 思い出の効果 (87)

5.4 思い出の変容と検索手がかり (88)

5.5 思い出と写真撮影 (90)

おわりに (92)


## 第6章　観光情報とメディア ……………………………… (97)

はじめに (97)

6.1 観光情報とは (97)

6.2 メディアとは (98)

6.3 観光情報メディアとその機能 (99)

おわりに (112)

第 7 章　観光対象としての観光資源 ·························· (115)

は じ め に　(115)

7.1　観 光 資 源　(115)

7.2　観光資源の分類　(118)

7.3　観光資源の保護・評価・活用・開発　(121)

7.4　観光資源と観光人材　(126)

お わ り に　(128)


第 8 章　持続可能な開発目標（SDGs）と
　　　　持続可能な観光（サステナブルツーリズム）········· (131)

は じ め に　(131)

8.1　SDGs に至る歴史的変遷と持続可能な観光について
　　　(131)

8.2　持続可能な観光の概念とその基準および評価指標につい
　　　て　(136)

8.3　持続可能な観光とオーバーツーリズムについて　(138)

お わ り に　(144)


第 9 章　MICE について ······································· (149)

は じ め に　(149)

9.1　MICE の概念について　(149)

9.2　MICE の系譜　(153)

9.3　MICE の効果について　(160)

お わ り に　(163)

第10章　オリンピックについて ……………………………… (167)

　は じ め に　(167)

　10.1　オリンピック史上のトピックス　(167)

　10.2　オリンピック・ムーブメントのステークホルダー　(172)

　10.3　オリンピックマーケティングプログラム　(174)

　10.4　MICEの視座でのオリンピック　(181)

　お わ り に　(182)


第11章　博覧会と観光 ……………………………………… (187)

　は じ め に　(187)

　11.1　博覧会の起源と定義　(188)

　11.2　日本における博覧会の分類と系譜　(190)

　11.3　博覧会と地域の観光振興　(196)

　お わ り に　(203)

# 第*1*章 観光を概観する

## 1.1 日本の観光政策と重点課題

### 1.1.1 「観光立国推進基本法」と観光庁の設置

　観光は，世界の多くの国で産業として確固たる地位を築いていることが多く，その国や地域の経済，雇用，文化などに大きな影響を及ぼしている．

　日本では，1963年に観光基本法が制定された．ここでは観光による国際親善の増進，および国際収支の改善をはかり，国民経済の発展と国民生活の安定向上に寄与することを目的とし，国際観光地の整備と国内観光の振興や，観光資源の保護育成と開発を目標とした観光政策の方向を示した．しかし，観光基本法は成立後40年余り，実質的な改正は一度も行われることなく，その後の観光の実情を反映していないとの批判を受けた．

　こうした流れを受けて観光基本法の改正に向けての作業が始まったのが2005年のことである．2006年に「観光立国推進基本法」が成立し，基本的施策として，国際競争力の高い魅力ある観光地の形成，観光産業の国際競争力の強化及び観光の振興に寄与する人材の育成，国際観光の振興，観光旅行の促進のための環境の整備の4つが掲げられた．

　2008年には国土交通省の外局として「観光庁」が設置されたことによって，観光が，日本の政策の重要な柱であることが明確に位置づけられた．

### 1.1.2 観光立国構想

　観光立国構想では，インバウンド観光とアウトバウンド観光の不均衡是正が重要な目標として位置づけられている．観光基本法の改正作業と並行して2003（平成15）年から観光目的地としての日本を世界にアピールすることを目標に，

「ビジット・ジャパン・キャンペーン」に着手した．2003年現在での訪日外国人旅行者数521万人を，2010（平成22）年にはほぼ2倍の1000万人にする目標を掲げていた．この目標は，さまざまなマイナス要因（新型インフルエンザ，リーマンショックなど）が重なって，その目標を到達させることができなかったが，その後さらに積極的な官民挙げての訪日プロモーションや，それとともに行われたアジア周辺国家の観光者が日本を訪れる際のビザ要件の戦略的緩和や外国人旅行者向け消費税免税制度の拡充など，さまざまな政策的な努力が実り，2018（平成30）年の訪日外国人旅行者数は，3119万人と過去最高を記録し，2003年と比較して，実に6倍の伸びをみせた．

　今後，日本の経済成長にはさらに観光立国から観光先進国への推進が不可欠とされ，2016（平成28）年3月には「明日の日本を支える観光ビジョン」を策定した．ここでは，観光先進国への視点として，「観光資源の魅力を極め，地方創生の礎に」，「観光産業を革新し，国際競争力を高め，我が国の基幹産業に」，「すべての旅行者が，ストレスなく快適に観光を満喫できる環境に」の3つが掲げられ，訪日外国人旅行者数を2020年に4000万人，2030年には6000万人とするとともに，訪日外国人旅行消費額については，2020年には1人当たり単価を20万円，消費額全体では2015年の2倍を超える8兆円とすること，また，2030年には1人当たり単価を25万円に到達させ，消費額全体でも2015年の4倍を超える15兆円を目指す目標を設定した．

　日本の少子高齢化とそれに伴う人口の減少などから，日本人による観光の国内需要の増加が難しい状況の中で，インバウンド政策は，観光収入の増加や雇

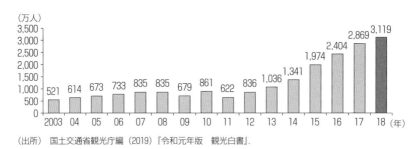

（出所）　国土交通省観光庁編（2019）『令和元年版　観光白書』．

**図1-1　訪日外国人旅行者数**

用の創出，ひいては地域活性化など，ますます重要な意味を持つ．

## 1.2　日本の観光の現状

### 1.2.1　観光の経済的効果

　世界観光機関の世界観光ランキング (2018) によると，世界全体の海外旅行者受入数は2017年より400万人多い14億人に達し，2009年から 9 年連続で増加した．国別に見ると 1 位フランスが，8691万8000人，2 位スペインが，8277万3000人，3 位アメリカが7694万1000人であり，日本は世界第11位の3119万2000人である．

　訪日外国人旅行者数と地域別シェアは，日本政府観光局によると，アジアが2637万人（東アジア2288万人，東南アジア333万人）でシェアは84.5%（東アジア74.2%，東南アジア10.2%），欧米豪が363万人で11.7%であり，近隣諸国，地域からの訪日

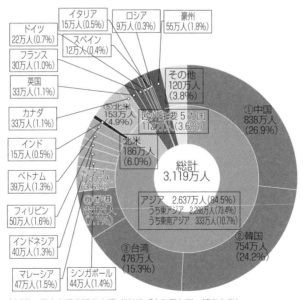

（出所）国土交通省観光庁編 (2019)『令和元年版　観光白書』．

**図1-2　訪日外国旅行者の内訳（2018年）**

旅行者が多く，地域による偏りが見られる（内訳については**図1-2**参照）．

　また国際旅行収入（インバウンド旅行に伴う収益）では，世界9位の411.15億米ドル（4兆5189億円）であり，2010年の131.99億米ドルから大きく増やしている．この訪日外国人旅行者消費額は，2018年の半導体電子部品の輸出額（4兆1502億円）を上回る規模になっている．

　訪日外国人旅行者の日本国内での消費は，国際収支における「旅行収支」の「収入」に該当し，日本人海外旅行者の現地での消費は「支出」にあたる．旅行収支の改善は日本の観光政策の重要な課題であったが，2015年に黒字に転じたあと拡大を続け，2018年には約2.4兆円の黒字になった．

　一方，観光庁「旅行・観光消費動向調査2018年年間値（確報）」によると，2018年の日本人国内旅行消費額は20兆4834億円（前年比3.0％減）であり，そのうち，宿泊旅行消費額は15兆8040億円（前年比1.7％減），日帰り旅行消費額が4兆6794億円（前年比7.0％減）であった．また，日本人国内延べ旅行者数は5億6178万人（前年比13.2％減）で，そのうち宿泊旅行が2億9105万人（前年比10.0％減），日帰り旅行が2億7073万人（前年比16.5％減）であった．これを日本人国内旅行の1人1回当たり旅行単価で見ると3万6462円／人（前年比11.8％増），宿泊の有無で見ると，宿泊旅行が5万4300円／人（前年比9.2％増），日帰り旅行が1万7285円／人（前年比11.3％増）である．

## 1.2.2　日本の観光への評価

　ダボス会議の主催で知られる世界経済フォーラム（WEF）が隔年で実施する「旅行・観光競争力調査」の2019年度版によると，日本はスペイン，フランス，ドイツに次ぎ，前回の2017年と同じく4位に入った．

　この調査は，各国の旅行・観光の競争力を測るために，14分野90指標に，7点満点のスコアで評価するものである．日本はすべての項目で4点以上の評価を得て平均5.4点を獲得している．6点以上の高評価だった分野は，「安全・安心」(6.2)，「保健衛生」(6.4)，「ICT活用」(6.2)，「陸上交通と港湾インフラ」(6.0)，「文化資源とビジネス旅行」(6.5) である．

　この世界からの高い評価をいかに維持し，さらに高めていくことは，今後の日本の観光を考える上で重要である．

## 1. 2. 3　国内観光の動向

前出の「旅行・観光消費動向調査2018年年間値（確報）」によると，国民1人当たりの国内日帰り旅行の旅行経験率は46％，旅行回数は2.14回で，これを観光・レクリエーションに限ると旅行経験率が40％，旅行回数は1.5回であった．また国内宿泊旅行の旅行経験率は62％，国民1人当たりの宿泊旅行回数は2.3回，平均宿泊数は2.2泊，観光レクリエーションに限ると旅行経験率は52％，旅行回数は1.3回，平均宿泊数は1.6泊であった．

また，法務省の「出入国管理統計」によると，2018年度の日本人の海外旅行者数は，1895万人であり，2015年度の1621万人と比べ117％の増加となっている．

「レジャー白書」(2019) によると，余暇活動中の参加人口で「国内観光旅行（避暑，避寒，温泉等）」が1位であり，2位の外食（日常的なものを除く）や4位の「ドライブ」，8位の「動物園，植物園，水族館，博物館」（「海外旅行」は38位）など観光の範疇に入るものも含め，余暇活動の中で観光の占める割合が高いことが分かる．

また，同白書の余暇活動の潜在需要（参加希望率から実際の参加率を引いた数値）によると，性別・年齢を問わず，第1位は「海外旅行」であり，第2位が「国内観光旅行（避暑，避寒，温泉等）」，第3位が「クルージング（客船による）」である．それぞれが，24.8％，16.9％，12.8％である．この数字が意味するところは，希望はあるが，実現できていないということであり，観光旅行に対する潜在的な需要は，きわめて高いことが伺われる．

## 1. 2. 4　インバウンド　ビザ緩和日本のパスポート

世界各国のパスポートでの旅行の自由度について発表しているものに，ヘンリー＆パートナーズ社の「パスポート・インデックス」がある．ここでの指標はそれぞれの国のパスポート保持者が査証（以下ビザ）なしで渡航できる国の数である．

2019年のランキングでは，日本のパスポート保持者が，現地空港などでアライバルビザが取得できる滞在先も含め190カ国で1位である．2位以下は，シンガポール・韓国（189カ国），フランス・ドイツ（188カ国），デンマーク・フィンランド・イタリア・スウェーデン（187カ国），ルクセンブルク・スペイン（186

ヵ国）と続く．

　このような事情で，日本のパスポートは世界最強と称され，日本人はビザについて特に意識することなく多くの海外の国や地域への観光旅行を楽しむことができる．

　一方，外国人が日本に入国する際は，「出入国管理及び難民認定法」に基づいた措置により，自国政府によって発給されたパスポートとともに日本政府によって発給されたビザを所持しなければならない．

　ビザには，就労や長期滞在を目的としたものと，短期滞在を目的とし就労が

表 1－1　2019年度のビザ緩和措置

| 開始日 | | 国　名 | 緩和措置<br>（最長滞在・有効期間） |
|---|---|---|---|
| 2019年 | 9月1日 | ロシア | ①8項目の「協力プラン」に関与するロシア企業等の常勤者等に対する数次ビザの発給<br>②大学生等に対する一次ビザ申請手続きの簡素化 |
| | 8月1日 | ラオス | 商用目的，文化人・知識人数次ビザの緩和（90日・5年）<br>（最長有効期間5年への延長，発給対象者の拡大等） |
| | 4月1日 | カタール | ①数次ビザ導入（90日・5年）<br>②商用目的，文化人・知識人数次ビザの緩和（90日・5年）<br>（最長有効期間5年への延長，発給対象者の拡大等） |
| | 2月1日 | コロンビア | ①数次ビザ導入（90日・3年）<br>②商用目的，文化人・知識人数次ビザの緩和（90日・5年）<br>（最長有効期間5年への延長，発給対象者の拡大等） |
| | 1月1日 | 中　国 | ①一部大学生・卒業生等の個人観光一次ビザ申請手続き簡素化の対象校拡大（30日）<br>（75校から1243校に拡大）<br>②十分な経済力を有する者向け数次ビザの発給対象者の拡大（30日・3年）<br>（過去3年に2回以上の訪日歴に対し，経済力証明書の提出を免除） |
| | | インド | ①数次ビザの発給対象者の拡大（90日・5年）<br>（過去3年間に2回以上の訪日歴に対し，他の要件なしに数次ビザを発給）<br>②数次ビザの申請書類の簡素化<br>（原則として納税証明書のみで渡航支弁能力を証明可） |
| | | 香港，マカオ | 香港DI・マカオ旅行証所持者に対する数次ビザの導入<br>①商用目的／文化人・知識人向けの数次ビザ（90日・5年）<br>②親族訪問目的等数次ビザ（90日・3年）<br>③一般短期数次ビザ（90日・3年） |
| | | セントクリストファー・ネーヴィス | 商用目的，文化人・知識人数次ビザの緩和（90日・5年）<br>（最長有効期間5年への延長，発給対象者の拡大等） |

（出所）　外務省〈https://www.mofa.go.jp/mofaj/files/000110948.pdf〉．

認められないものの二種類あるが，ここで取り上げるのは後者の観光査証である．

　外務省によると，ビザ免除は2019年9月時点で68の国・地域が対象とされ，観光，商用，知人・親族訪問等90日以内の滞在で報酬を得る活動をしない場合と規定されており，観光ビザはこれに該当する．

　また，前述したとおり，観光による訪日者を戦略的に増やすことを主目的として，数次ビザの導入などのビザ要件の大胆な緩和措置が行われており，2019年度（9月現在）だけでも8件の緩和措置がなされている．

# 1.3　旅，旅行，観光，ツーリズムについて

　飯田（2012）が，旅，旅行，観光という3つの言葉について，「自身の経験から言えば，私たちは，日常，厳密に三つの表現を区別するというより，自然にその都度最適と考える表現を使い分けているのが現実ではないだろうか」と指摘するとおり，日常用語としてこれらの言葉はほぼ同義として用いられている．ここでは，これらの言葉の概念の違いを明確にすることにする．

### 1.3.1　観光について

　観光の語源については，観光研究では今や常識になっているが，中国の古典に辿り着く．易経という書物の一節に「観国之光，利用賓于王」（国の光を観るは王に賓たるによろし）という言葉がある．この点では観光は，「国の光を観ること」の意味になる．大橋（2010）は，「幕末・明治初期のころの観光は『国威を示す』という意味で用いられて」おり，「1855（安政2）年オランダより徳川幕府に寄贈された軍艦『スルビン』号に対し，幕府では『観光丸』と命名しているところによく示されている」と記している．

　その後，「国の光」とは，かけがえのないそれぞれの地域の有形・無形の文化や景観を意味するものと解釈され，「観る」は，これらを「見せる」と「示す」という意味であるとされた．さらに今日的に拡大解釈すると，「見る」，「参加する」，「食べる」，「泊まる」，「触れ合う」，「学ぶ」などの行為者の行為を含むものと考えることもできる．

このように，観光は日本独自の用語である．ちなみに中国語では「旅行，旅游，游覧」という用語が使われている．

次に，観光の政策的な解釈としては，狭義には，自由時間において，日常生活地を離れ，各種対象（地）を観てまわること（sight-seeing：サイトシーイングと同義）であるが，広義のものとしては，1969（昭和44）年に観光政策審議会が行った定義が有名である．それによると「観光とは自己の自由時間の中で，鑑賞，知識，体験，活動，休養，参加，精神の鼓舞等，生活の変化を求める人間の基本的欲求を充足させるための行為のうち，日常生活圏を離れて異なった自然，文化等の環境のもとで行おうとする一連の行為」であるとされた．その後，1995（平成7）年の観光政策審議会の答申で，観光は「余暇時間の中で，日常生活圏を離れて行うさまざまな活動であって，触れ合い，学び，遊ぶことを目的とするもの」とされたが，その意味するところはほぼ同義である．

### 1. 3. 2　ツーリズムについて

国際的な用語としてのツーリズム（Tourism）がある．Tourismという言葉の語源は，ラテン語の「tornus」であるといわれている．その意味するところは「輪のようにぐるりとまわること」であり，「周遊」に近い概念である．

ツーリズムについて佐竹（2009）は，イギリスにおける産業革命によって増加を続けた都市住民が，「定住地を拠点として，海浜リゾート地などの定住地以外の場所を訪れたり，一定期間その地に滞在したりしたのちに，再び定住地に戻るという社会行動に対して，Tourという単語が与えられた．この社会行動の主体たる個人には，touristという名称が与えられた」のであり，「Touristによる社会的な行為や行動の集積や相互作用によって引き起こされる社会現象に対して，tourismという呼称が創りだされていった」と説明している．

現代のツーリズムの一般的な定義としては国連世界観光機関（UNWTO）のものがある．そこには，「ツーリズムとは，継続して1年を超えない範囲で，レジャーやビジネスあるいはその他の目的で，日常の生活圏の外に旅行したり，また滞在したりする人々の活動を指し，訪問地で報酬を得る活動を行うことと関連しない諸活動」とある．また，コトラーほか（2002）も，英国政府観光庁による定義を用いて，「ツーリズムとは，寄宿舎の入る，会社の海外拠点に配

属されることを除くさまざまな目的のために，たとえば休暇を取る，友人や親せきを訪ねる，会議に出席するといった目的のために，家を離れて1泊以上過ごすことである」としている．

　これら現代のツーリズムについての定義に共通することは，「ビジネス……の目的」や「会議に出席する」といった業務に関わる内容が含まれることである．

　この意味で，ツーリズムは観光よりも広義のものとして理解する必要がある．日本においては，大正時代に入りツーリズムの訳語として観光が用いられるようになってから概念の混乱が見られるようになったので注意が必要である．

### 1. 3. 3　旅と旅行について

　旅と旅行はほぼ同義と考える．旅の語源については諸説あるが，柳田（1998）は旅の原型は租庸調を納めに行く道のりのことであり，「給べ（たべ），給べ」と物乞いしなければ，旅を続けられなかったため，この言葉が生まれたと言う．

　旅行と観光もまた用語として混乱して用いられることが多いが，旅行は観光より広義の概念である．旅行は，大きく業務旅行（会議，商談など）と観光旅行（見学，体験，休養など）に分類することが出来る．

　この意味で，筆者は前述したツーリズムと旅行をほぼ同義のものと解釈し，ツーリズムの訳語として旅行を当てるのがより適切であると考えている．

## 1. 4　観光の理念

　観光立国推進法の前文に，観光の理念について記述された部分がある．

　そこには，「観光は，国際平和と国民生活の安定を象徴するものであって，その持続的な発展は，恒久の平和と国際社会の相互理解の増進を念願し，健康で文化的な生活を享受しようとする我らの理想とするところである．また，観光は，地域経済の活性化，雇用の機会の増大等国民経済のあらゆる領域にわたりその発展に寄与するとともに，健康の増進，潤いのある豊かな生活環境の創造等を通じて国民生活の安定向上に貢献するものであることに加え，国際相互理解を増進するものである」と記されている．

　筆者はかねがね学習者が観光について学ぶ際に，交流によって，「お互いの地域のことを知ることで相互理解につながり，違いを認め合いながら共存していける平和な社会をつくるということ」が，究極の目的だと伝えてきた.

　この理念の実現には大きな困難が立ちはだかるが，そもそも観光は平和でなければ成り立たないし，また，交流を深めることによって平和をもたらすものである. そのことを理解し，観光を学ぶ意義を見いだすことは極めて重要である.

# 1.5　観光と環境

### 1.5.1　持続可能な観光

　2017年は国連の「開発のための持続可能な観光の国際年」とされ，観光者と地域住民との共存・共生に関する議論の機運が高まっている.

　日本でも観光庁は「持続可能な観光推進本部」を2018年6月18日付で設置し，「世界各国では観光客の急増による影響が深刻な課題となっている地域もあり，我が国でも一部の観光地においては地域住民の生活環境などに影響が生じ始めて」おり，「増加する観光客のニーズと観光地の地域住民の生活環境の調和を図り，両者の共存・共生に関する対応策のあり方を総合的に検討・推進」するとした.

　持続可能な観光に向けた取り組みは，その地域に暮らす住民や環境に配慮を行うために必要なことは言うまでもない. のみならず，訪れる旅行者に満足度の高い観光体験を継続的に提供するためにも不可欠と言える.

### 1.5.2　観光公害とオーバーツーリズム

　今日，観光のもたらす負の側面として，観光客の急増が地域の市民生活や自然環境に影響を及ぼすとともに，あわせて観光者の満足度や観光地の質を低下させることにもつながっていることがある.

　日本では，「観光公害」という用語が1960年代には使用されているが，近年こうした現象の広がりが，「オーバーツーリズム」という言葉で表現されることが多くなった.

　観光が地域住民の生活に及ぼし得るネガティブな影響について，平成30年版『観光白書』(2018) には，「特定の観光地において，訪問客の著しい増加等が，市民生活や自然環境，景観等に対する負の影響を受忍できない程度にもたらしたり，旅行者にとっても満足度を大幅に低下させたりするような観光の状況は，最近では「オーバーツーリズム (overtourism)」と呼ばれるようになっている」と明記され，これらの問題が今後の大きな政策課題であることが伺える．

　福永 (2019) は，オーバーツーリズムを3つの段階で捉えている．それによると，「観光客が増加することにより混雑感が増し，観光客の満足度や再来訪希望に影響を及ぼす」ことから始まり，「さらに観光客が増えると地域の観光地化が進み，地域住民の日常生活に支障が出る」とし，「最終的には観光に対する地域住民の反感や嫌悪感が生まれ，全ての社会問題の原因を観光客の増加に転嫁したり，観光客に対する暴言・暴力につながってしまう場合もある」とする．

　また，阿部 (2019) は，観光が地域にもたらす弊害を古典的な問題と新たな問題という視点から，前者は，「ある特定の場所に観光客が集中することによる環境負荷の増大がもたらす環境破壊，観光客のマナーの悪化，プライバシーの侵害，交通渋滞等」であり，後者を，①内需の大幅な拡大が期待できない現在，都市への投資を促進する有効な産業として観光が位置付けられている．②ツーリズムの嗜好が多様化した結果，何気ない界隈が観光や宿泊の対象として注目を集めていることがある．③都市再生政策と観光の活用が不可分になっていることなどであり，今日のオーバーツーリズムの問題は，こうした新たな側面が加味されたことによってより複雑になっていることを指摘している．

　訪問客が特定の観光地に増加し，地域社会の生活の質や，環境などに影響を与える，オーバーツーリズムは，諸外国では多くの都市で顕在化している．アムステルダム，バルセロナ，チロル (オーストリア西部からイタリア北部にわたるアルプスの地方名)，ベネチアなど，「観光地」である都市でオーバーツーリズムが問題になって久しい．

　国内に目を向けると，最近では京都のオーバーツーリズムについての議論が盛んにおこなわれるようになってきている．

　地域住民の生活の空間や空間に点在したさまざまな施設などが，観光という

現象によって浸食され，いつの間にか観光者のための空間に変貌を遂げる．その結果，空間の主体が，住民から観光者に変化してしまうこともある．観光地はテーマパークとは違い，そこは「生活」も「コミュニティー」も存在する空間であることを忘れない観光政策が必要である．

# 1.6 観光の歴史

## 1.6.1 観光の始まり

観光がいつの時代から始まったのかということについては諸説あり，またそれは観光をどのように理解するかによっても違ってくる．しかし，観光と言えるかどうかは別として，食料や物資を求めて旅に出る，あるいは気晴らしなどのために旅行をしたという記録は，古くから存在する．そのため，人間はその有史以来，旅をしていたと考えられる．

古代エジプトの時代では，神殿への巡礼という観光が存在していたことが，古文書の記載によって明らかであるし，古代ギリシャでは「体育競技」，「保養」，「宗教」の3つを目的とした旅が行われていた．また，古代ローマでは，「宗教」，「保養」，「食」，「芸術」，「登山」などが，それぞれ観光目的になったと言われている．

岡本（2001）は，「ギリシャの旅には，現代観光で重要な概念とされる「ホスピタリティー」（hispitality）の起源も見られ」また，「ローマでは，現代観光の起源ともいえる「楽しみのための旅行」が実践された」と指摘している．また，こうした「楽しみのための旅行」を享受できたのは，ごく一部の特権階級の人たちに限られてはいたものの，その成立には，近代観光に相似する諸条件，つまり「①貨幣経済の普及，②治安の安定，そして③交通の発展などである」としている．

その後，ローマ帝国の崩壊（5世紀）とともに，「楽しみのための旅行」も消滅し，長い，旅の空白期に入ることになる．

中世も中期（11世紀〜13世紀）に入ると，ヨーロッパでは聖地巡礼の宗教観光や，商人による業務旅行が大勢を占め，活発な交流が行われていたが，それらを支えたのが中世になって発展した交通路や，海路の発見であった．

## 1. 6. 2　グランドツアーの時代

　グランドツアーは，近代ツーリズムの始まりと考えられており，18世紀イギリスの上流の家庭で子弟のエリート教育の一環として，その学業の終了時に行った大規模な海外旅行である．

　この遊学の旅は，当時の文化先進国であったイタリアやフランスを主な目的地とした．この旅行には家庭教師や時には牧師までも同行し，トマス・ホッブズやアダム・スミスも家庭教師役を務めた事がある．旅行の間，若者たちは，旅先の政治，文化，芸術などを家庭教師から学び，また自ら，見物や買い物などで多くの経験をした．

　通常1〜2年，時には数年間にも及ぶグランドツアーの経験は，やがてイギリスの若者たちが真のジェントルマンと見做される最低条件と考えられるようになった．この時代に出版されたのが，トマス・ニュージェントによる「グランドツアー（The Grand Tour, or, A Journey through the Netherlands, Germany, Italy, and France)」である．この本は，グランドツアーに旅立つ当時の若者達には必携の書とされ，異文化への理解を深める上でも不可欠な情報源であった．

## 1. 6. 3　鉄道網の整備と近代ツーリズム

　19世紀に入ると，イギリス，フランス，オーストリア，ドイツ，スイスなどヨーロッパ全域で鉄道網の整備が行われ，モノや人の移動の便宜を飛躍的に向上させた．

　特にイギリスでは，早い時期に鉄道網の整備が進んだ．この鉄道に着目し，いち早く団体旅行の企画，運営を行ったのがトーマス・クックである．当時32歳であった彼は，プロテスタントの一派であるバプティスト派の伝道師で，禁酒運動に打ち込んでいた．1841年に開催された禁酒運動の大会に参加する団体のために，ミッドランド・カウンティーズ鉄道にラフボローとレスター間の貸し切り列車を仕立てて，570名を割安料金によって輸送した．

　その後，トーマス・クックは，イギリスからヨーロッパ諸国への団体旅行も扱うようになったが，特に彼を高名にしたのは，1851年のロンドン万博である．この万博の全体の入場者数は600万人を超えたといわれるが，クックはその中の16万5000人程を送り込んだ．旅行費用の積み立て制度や旅行誌の発刊なども

行った．彼が創設したのが，世界最初の旅行会社とされるトーマス・クック社である．旅行小切手（トラベラーズ・チェック）も彼の手によって発行された（1874年）．こうした功績によって彼は「近代ツーリズムの祖」と呼ばれている．

### 1. 6. 4　日本における観光の始まり

日本において，旅行が一般化するのは江戸時代に入ってからである．

もちろん，それより前の時代にも旅はあった．熊野詣などは，かなり組織的に活発に行われていたということもわかっている．

江戸時代になると，経済水準の向上や諸環境（例えば五街道や宿場町）の整備によって，旅は庶民にも定着してくる．

宮本（1975）は，「通行手形などの制約はあったが，富士山，御嶽，出羽三山，大山，大峯，高野山，宮島，金比羅，阿蘇，英彦山などには年間五〇万人くらいは詣ったし，それには五日内外を要した．伊勢参りは年間四〇万もあったという．それに要する日数は平均して二〇泊ぐらいの旅であった」し，また，そのほかに巡礼の旅や湯治も盛んで「全国を概算して当時人口3000万に対し3050万日（滞在日数）という大きな数」であったと記している．

江戸時代の紀行文などを分析した板坂（2002）は，当時の旅の様子を，「江戸時代，長途の旅に出られるということは，それ自体がさしあたりの生活に憂いがないという幸福に恵まれているあかしでもあった．そしてまた，彼ら旅人が見聞きする旅先の人々の姿も，決して不幸ではない．宿の主人も茶店の老女も，農夫も船頭も，寺の僧も神主も，ていねいに熱心に土地の名所を説明し，それぞれの仕事にいそしんで満足げである」と記しており，当時の旅の様子を垣間見ることができる．

同時に，「東海道中膝栗毛」のような読み物もベストセラーになり，「道中細見」や「道中独案内」のような携帯用の小型折本や道中案内書が，旅人の便宜を図った．江戸時代の後期，1810年には，八隅蘆庵によって観光情報誌の古典とも言える「旅行用心集」が出版されている．

これらのことから，江戸時代の旅籠，土産屋，茶店などの観光および観光産業は想像以上に大規模であったことがわかる．

その後，明治2年の明治政府による「関所廃止令」による全国の関所の廃止

や，鉄道事業の開始などにより，近代的なツーリズムへと一挙に展開するのである．

### 1.6.5　日本における近代ツーリズム

　明治期に入ると，鉄道院や鉄道省が中心となって旅行案内や観光ガイドブックの類の刊行が行われた．1906（明治39）年から1907年にかけて行われた主要私鉄17社の国有化による全国の鉄道網の完成と，1906年の南満州鉄道の設立を経て，1908年12月，鉄道院が設置された．満鉄初代総裁で，鉄道院の初代総裁でもあった後藤新平は，観光にも情熱を注ぎ，彼によって着手された鉄道院編纂「東亜英文旅行案内（An Official Guide to Eastern Asia：Trans-continental Connections Between Europe and Asia）」は，日本人自身による初の，本格的な海外向け旅行ガイドであった．

　国内の案内を行ったものとしては，1911年，鉄道院が「鉄道院線沿道遊覧地案内」を刊行した．当時の鉄道の路線や仕組み，観光案内などとともに，立体的な路線図のカラー挿絵と観光地のカラー絵図も掲載されている．その後，「鉄道旅行案内」と改訂される．「鉄道旅行案内」の案内記事の順序は，すべて鉄道路線別に並べられ，下車駅が記されることで鉄道利用の旅行者の便宜を図った．1929（昭和4）年頃から，「日本案内記（北海道編，東北編，関東編，中部編，近畿編（上・下），中国四国編，九州編）」全8巻が，鉄道省編纂で刊行され，日本全国の，ほとんどの名所・旧跡がその中で紹介された．この「日本案内記」が現在の日本国内のガイドブックの原型となったといわれる．

　さらに，1937（昭和12）年頃から，同じく鉄道省編纂で，「祖国認識旅行叢書」（全10巻）が刊行された．これらは，第一巻「幕末烈士の遺跡」や第四巻「名称の遺構」のようなテーマ設定のもと，所在地と交通案内とそれぞれの詳細な説明で構成されていた．

　日本では，こうした国主導型の観光ガイドブック類の刊行が，人々の観光への興味・関心を引き寄せ近代ツーリズムの成立に大きな役割を果たしたといえる．

### 1.6.6　日本の旅行会社の始まり

　日本における旅行会社の創業は,1905（明治38）年,東海道線草津駅前（滋賀県）で南洋軒という食堂を経営していた南進助が，国鉄の貸切列車を仕立てて，善光寺参拝団や高野山参詣団，伊勢神宮参拝団などの団体旅行の斡旋を始めたことにはじまる．これが現在業界第3位の日本旅行（旧日本旅行はJR西日本の旅行部門Tisと合併）に連なっている．

　また1912（大正1）年には，外客誘致を目的とした「ジャパン・ツーリスト・ビューロー」が鉄道省，南満州鉄道などからの出資によって創られ，外国人VIPの旅などの世話を手掛けた．その後，東亜旅行社，東亜交通公社と名前を変え，これが今日の業界第一位のJTBの前身である．

　鉄道系としては私鉄各社も旅行会社を次々に創業し,大手旅行会社としては,近畿日本ツーリスト，阪急交通社，東武トップツアーズなどがある．

　その後も，航空系，物流系，新聞系，農協系など，さまざまな分野が母体となって旅行会社が作られた．

## 1.7　観光の構成要素

　観光の構造を考察する場合，構成要素として，観光の主体，観光の客体，観光媒体の3つを考える観点がある．

　観光の主体とは観光を行う者,つまり観光者である．また吉田（2010）が「かなりの旅行形態においてはオーガナイザー（観光旅行の実施者）を観光主体と見立てることも，セールスマーケティング上は必要である」と指摘するように，行為者である観光者のみを主体と考えない立場もある．

　次に，観光の客体は観光対象という語でも置き換えられるが，観光資源と，各種サービスを含めた観光施設をあわせたもの（広義の観光資源）であると考えられる．観光対象は，見る対象から，体験する対象，学ぶ対象などへとその守備範囲を広げている．

　また，観光媒体は，観光者と観光対象をつなぐもので，各種情報とメディアと交通機関である．前者は一般的には，ガイドブックや各種情報関連サイトなどであるが，情報の発信源でもある各種観光関連機関（例えば，政府観光局，地域

の観光協会など）のように，情報をメディアに提供する（近年は自らメディアをとおして発信することも多い）ものも含めて観光媒体であると考える立場もある．また，筆者は観光者を観光対象と媒介する機能という意味において旅行会社も観光媒体の性格を有するものと捉えている．

後者は，観光者を観光対象に移動させるという点で欠くことのできないものである．近年では鉄道を中心に観光対象として位置付けられるものが多く出現しており，一部鉄道ファンのみではなく広くそうした認識がされるようになってきている．

本書では，次章以降の記述で観光を構成するさまざまな要素について学ぶことにする．

**参考文献**

World Economic Forum,「The Travel & Tourism Competitiveness Report 2019」〈https://www.weforum.org/reports/the-travel-tourism-competitiveness-report-2019〉.

明日の日本を支える観光ビジョン構想会議（2016）「明日の日本を支える観光ビジョン」〈http://www.kantei.go.jp/jp/singi/kanko_vision/pdf/honbun.pdf〉.

阿部大輔（2019）「オーバーツーリズムに苦悩する国際観光都市」『観光文化』（240号），pp. 8 -14.

飯田芳也（2012）『観光文化学——旅から観光へ——』古今書院.

板坂燿子（2002）『江戸の旅を読む』ぺりかん社.

大橋昭一（2010）『観光の思想と理論』文真堂.

岡本伸之編（2001）『観光学入門——ポスト・マス・ツーリズムの観光学——』有斐閣.

観光庁（2019）報告書（「持続可能な観光先進国に向けて」）のとりまとめ・公表（2019年6月）.

観光庁「旅行・観光消費動向調査 2018年年間値（確報）」〈http://www.mlit.go.jp/common/001287451.pdf〉，2019年4月26日取得.

公益財団法人日本生産性本部（2019）『レジャー白書　2019——余暇の現状と産業・市場の動向——』生産性出版.

国土交通省観光庁編（2019）『令和元年版　観光白書』.

コトラー，フィリップほか（2003）『コトラーのホスピタリティー&ツーリズム・マーケティング』（第3版）白井義男監修・平林祥訳，ピアソン・エデュケーション.

佐竹真一（2010）「ツーリズムと観光の定義——その語源的考察，および，初期の使用例から得られる教訓——」『大阪観光大学紀要』（10），pp. 89-98

福永香織（2019）「韓国におけるオーバーツーリズムの現状と対応の方向性」『観光文化』（240），pp. 47-51.

ヘンリー＆パートナーズ社の「パスポート・インデックス」〈https://www.
　　henleypassportindex.com/global-ranking〉.

法務省「出入国管理統計統計表」〈http://www.moj.go.jp/housei/toukei/toukei_ichiran_
　　nyukan.html〉.

宮本常一（1975）『旅と観光』未来社.

柳田国男（1998）『豆の葉と太陽』柳田国男全集第12巻，筑摩書房.

吉田春生（2010）『新しい観光の時代――観光政策・温泉・ニューツーリズムの幻想――』
　　原書房.

# 第$2$章　旅行業と観光

## は じ め に

　訪日外国人旅行者数が年間3000万人を超え[1]，日本も観光立国実現に向けて大きく動き出した．最近では，観光による経済効果など，さまざまな観光現象が実感として社会に浸透してきたようだ．そして観光関連産業は成長産業の柱として，また地域活性化の要として期待されるようになった．

　また，大学生などの就職活動における企業の人気度を測る就職企業ランキング（文系総合）を見ると，トップが旅行業大手のJTBであり，ランキング上位に旅行業や観光関連企業が多くみられる[2]．これも，最近の観光（インバウンド）ブームが反映された結果とも考えられるが，はたして学生たちに日本の観光産業，取り分け旅行業についての正確な知識や理解がどれほどあるのだろうか．

　本章では，まず旅行業という仕事についての枠組み，すなわち，旅行業の定義や登録制度，旅行業の仕事の中身（主たる業務内容やその業態）についての理解を深めつつ，これまで果たしてきた機能や役割について整理する．その上で，近代化以降，今日に至る日本の旅行市場の発展過程で，旅行ビジネスがどのように変化し進化を遂げてきたのかについて，時系列に考察する．最後に，これまでの考察を踏まえ，今後，観光立国実現に向けて必要とされる旅行業の役割や機能について探ってゆく．

## 2.1　旅行業の枠組み

### 2.1.1　旅行業の定義と登録制度

　まず，旅行業の業態について考えてみよう．「旅行する」という行為は，簡

単に言えば，旅行者（旅行をしたい人）が自分自身で計画を立て，必要であれば，宿泊施設や運送機関などに予約し，旅行を実施すれば完結するものである．では，旅行業とは旅行や旅行者にどの様に関わり生業としているのであろうか．

　日本には旅行業を規定する旅行業法という法律があり，旅行業法第2条で旅行業を「報酬を得て，次に掲げる行為を行う事業（専ら運送サービスを提供する者のため，旅行者に対する運送サービスの提供について，代理して契約を締結する行為を行うものを除く）をいう」と定義している．具体的な行為内容は同法第2条第1項各号に細かく規定されている．

　簡潔にまとめると，旅行業とは，旅行者と運送機関（鉄道，航空機，船舶など）または宿泊サービスの提供施設（ホテル，旅館など）との間に立って，旅行者が運送または宿泊サービスの提供を受けられるように運送などサービス（座席や部屋など）を手配したり，旅行商品（座席や部屋そして自然や人文観光資源を組み合わせ商品化したパッケージツアーなど）を企画したり（これらは，基本的旅行業務），これらに付随する行為（基本的旅行業務に付随した，送迎やガイド，通訳など）の手配を指す．

　また，旅行業法では，旅行に関わる事業を旅行業以外に旅行業者代理業，旅行サービス手配業としてそれぞれ業務範囲などを規定している．

　旅行業者代理業は，旅行業者を代理して，旅行業者が委託する範囲の旅行業務を行うことができる．例えば，旅行業者が取り扱う旅行商品（パッケージツアー商品等）を旅行業者の代理人として旅行者に販売する行為などがこれに当たる．次に旅行サービス手配業であるが，これは旅行業法の2017年6月改正により加えられた事業である．いわゆる地上手配業（ランドオペレーター業）のことであり，旅行業者から依頼され，運送サービスや宿泊サービス，その他の旅行関連サービスの手配などを行う行為である．旅行業法に新たに加えられた背景には，海外の旅行会社から委託を受けた国内の地上手配業者が手配する訪日旅行（インバウンド）に関わるサービスの一部に，旅行費用を抑えるために，半ば強制的な土産物店への誘導や資格のないガイドを手配したり，安全性に問題がある運送機関を利用するなどの問題が散見されたため，これまで規制のなかった旅行サービス手配業においても旅行業法で規定することとなった．

　このように，報酬を得て旅行者のために座席や宿泊施設の部屋を手配したり，

パッケージツアーと呼ばれる旅行商品を企画したり，販売するような場合には，その行為が旅行業に当たるため，ビジネスを始める前に，旅行業法が定める業務範囲に基づいて観光庁や都道府県知事に対して必ず旅行業登録（場合によっては旅行業者代理業登録，旅行サービス手配業登録）をしなければならない．

### 2.1.2　登録区分と業務範囲

つぎに，旅行業の登録区分と業務範囲について，旅行業法により，取り扱いが可能な業務範囲を旅行業者登録区分（第1種，第2種，第3種，地域限定）に基づいて，厳密に定められている（**表2-1参照**）．

例えば，第1種登録をした旅行業者は，海外および国内の募集型企画旅行（市販されているパッケージツアー）の企画・実施・販売，海外および国内の受注型企画旅行の企画・実施・販売，そして手配旅行など，旅行業務全般の取り扱いが可能である．第1種から第3種旅行業の各登録区分の業務範囲は，募集型企画旅行の催行（実施）の可否（海外，国内を含めて）を基準として設定され，催行（実施）可能範囲が広がれば広がるほど，ビジネスに対する責任が重くなり，多額の基準資産の保有や営業保証金の供託などが求められる．

他方，地域限定旅行業は，地域観光資源の活用や多様化する観光客への対応から，「着地型旅行」商品（旅行者を受け入れる地域側が，地域の観光資源を基にした旅行商品や体験プログラムを旅行者へ提供する旅行形態）の企画・実施の担い手となる事業者の新規参入を促す観点から，2013年4月に創設された登録区分であり，その業務範囲は，企画旅行および手配旅行のいずれについても，事業者の営業所のある市町村の区域，これに隣接する市町村の区域および観光庁長官が定める区域内に限定される（谷口 2018：31-34）．

さて，ではどうして旅行業法という面倒な手続きを伴う法律によって旅行業を規制する必要があるのだろうか．一言でいうと消費者保護の観点からである．旅行業法は，国民が安心して旅行できるよう，不適格な者が旅行業を営むことを防止し，消費者が旅行業者と公正な取引ができるよう取締り，規制する法律である．すなわち，旅行商品（サービス）は形が無くしかも代金前払いが原則であることから，消費者にとっては極めてリスクが高い取引（契約）である．したがって，国は，消費者保護を目的に，悪徳業者や不良旅行商品を排除する

## 表2-1　旅行業等の登録区分と業務範囲

| 旅行業等の区分 | | 登録行政庁<br>（申請先） | 業務範囲<sup>1)</sup> | | | | 登録要件 | | |
| --- | --- | --- | --- | --- | --- | --- | --- | --- | --- |
| | | | 企画旅行 | | 受注型 | 手配旅行 | 営業保証金<sup>2)</sup> | 基準資産<sup>3)</sup> | 旅行業務取得管理者の責任 |
| | | | 募集型 | | | | | | |
| | | | 海外 | 国内 | | | | | |
| 旅行業者 | 第1種 | 観光庁長官 | ○ | ○ | ○ | ○ | 7000万<br>（1400万） | 3000万 | 必要 |
| | 第2種 | 主たる営業所の所在地を管轄する都道府県知事 | × | ○ | ○ | ○ | 1100万<br>（220万） | 700万 | 必要 |
| | 第3種 | 主たる営業所の所在地を管轄する都道府県知事 | × | △<br>（隣接市町村等） | ○ | ○ | 300万<br>（60万） | 300万 | 必要 |
| | 地域限定 | 主たる営業所の所在地を管轄する都道府県知事 | × | △<br>（隣接市町村等） | △<br>（隣接市町村等） | △<br>（隣接市町村等） | 15万<br>（3万） | 100万 | 必要 |
| 旅行業者代理業 | | 主たる営業所の所在地を管轄する都道府県知事 | 旅行業者から委託された業務 | | | | 不要 | ― | 必要 |
| 観光圏内限定旅行業者代理業（観光圏整備実施計画において認定を受けた旅館業者） | | 観光圏整備計画における国土交通大臣の認定 | 旅行業者から委託された業務（観光圏内限定，対宿泊者限定） | | | | 不要 | ― | 研修修了者で代替可能 |

1) 業務範囲について
　　募集型企画旅行→旅行業者が，予め旅行計画を作成し，旅行者を募集するもの（ex. パッケージツアー）．
　　受注型企画旅行→旅行業者が，旅行者からの依頼により旅行計画を作成するもの（ex. 修学旅行）．
　　手配旅行　　　→旅行業者が，旅行者からの依頼により宿泊施設や乗車券等のサービスを手配するもの．
2) 旅行業協会に加入している場合，営業保証金の供託に代えて，その5分の1の金額を弁済業務保証金分担金として納付（カッコ内が弁済業務保証金分担金の金額）．
　　また，記載された金額は年間の取扱額が2億円未満の場合であり，以降，取扱額の増加に応じて，供託すべき金額が加算．
3) 旅行業の登録に当たり，行政庁は，申請者が事業を遂行するために必要な財産的基礎を有することを確認する．
（出所）国土交通省観光庁ホームページ〈http://www.mlit.go.jp/kankocho/shisaku/sangyou/ryokogyoho.html〉2019年9月18日取得．

必要があるという観点から導入したのである（長谷 1997：220）．
　ここ数年，日本国内で旅行業登録や旅行業者代理業登録をしているいわゆる旅行会社は（旅行業者＋旅行業者代理業者）合わせて1万社前後で推移している．

# 2.2　旅行業の仕事の中身（業務内容）

### 2.2.1　企画旅行と手配旅行

つぎに旅行業の仕事の中身（業務内容）について考察してみよう．

旅行業者は，旅行者に対して，企画旅行と手配旅行という2つのタイプの旅行サービスを提供することになる．

まず，企画旅行とは，旅行業者が，旅行の目的地および日程，旅行者が受けることができる運送または宿泊サービスの内容，旅行者が支払うべき対価（旅行代金）に関する事項を定めた旅行に関する計画（プラン）を作成し，旅行者と契約を結ぶ旅行（パッケージツアー）のことを指す．また，企画旅行は2種類あり，中でも，あらかじめ旅行業者が旅行（プラン）を商品化し，パンフレットなどを通じて不特定多数の消費者対象に募集するものを「募集型企画旅行（市販されてるパッケージツアー商品）」と言う．もう1つは，旅行者からの依頼により，旅行プランを作成し商品化するものであり「受注型企画旅行（オーダーメード型パッケージ商品，例えば，修学旅行など）と言われる．

一方，手配旅行は，旅行業者が旅行者から依頼されて，運送機関や宿泊施設，その他の旅行サービスの提供を受けることができるように旅行素材を手配する旅行のことである．

### 2.2.2　主な旅行業者の事業形態

ここでは，旅行業者の事業形態を一般社団法人日本旅行業協会（JATA）の[5]分類手法に基づいて整理する．旅行業を販売対象別に「一般旅行者（Business to Consumer＝B to C）」と「旅行業者（Business to Business＝B to B）」に大別した上で，以下のような9の業態（旅行業者の区分）に分けている（**表2-2参照**）．

# 2.3　旅行業の基本的機能と役割

戦後，日本において観光に関わるビジネスは，旅行業を中心に展開され，成長を遂げてきた．そして，その機能や役割は時代とともに変化してきた．ここ

表2-2　旅行業者の事業形態

| 旅行業者の区分（種類） | | 定　義（主な取扱い業務） | 旅行会社例 |
|---|---|---|---|
| 一般旅行者B to C | 総合旅行系 | 広範な地域に販売ネットワークを有し，すべての旅行商品を造成，さまざまな流通チャンネルで販売 | JTB，日本旅行，近畿日本ツーリストなど |
| | 商品造成自社販売系 | 主に旅行商品（パッケージツアー）を造成し，基本的に自社のチャネルで販売 | ワールド航空サービス，三越伊勢丹ニッコウトラベルなど |
| | メディア・通信販売系 | 主として，新聞広告や組織会員を通じて自社商品を販売（通信販売額が50%を超える） | 阪急交通社，クラブツーリズムなど |
| | リテーラー | もっぱら，他社の企画商品（パッケージツアー）を販売，また団体旅行や個人の手配旅行を取り扱う | 第3種旅行業など地域の中小規模の旅行会社に多い |
| | インターネット販売系 | 国内旅行宿泊や海外旅行素材を中心に，半分以上を自社サイトを通じて販売 | i.JTB，楽天，リクルートライフスタイルなど |
| | 業務性旅行特化系 | インハウス（商社など大手企業の関連会社として主にグループ企業などの，業務性旅行に特化 | 内外航空サービス，日立トラベルビューローなど |
| 旅行業者B to B | ホールセラー | 海外または国内旅行パッケージを造成し，主として自社以外のリテーラーへ販売 | ジャルパック，ANAセールスなど |
| | 海外旅行ディストリビューター | 海外旅行素材（航空座席，宿泊等の仕入れ手配やこれらがセットになったユニット商品）を旅行会社に卸売り | ユナイテッドツアーズ，フレックスインターナショナル等 |
| | 海外ランドオペレーター | 主に日本の旅行会社の依頼を受けて，海外旅行者の目的地での地上旅行手配を取り扱う | ミキツーリスト，クオニイトラベルなど |

（出所）　一般社団法人日本旅行業協会（JATA）（2013）『旅行業を取り巻く環境と旅行業経営分析』での分類を基に作成.

では，戦後すぐの時代から，規制緩和やインターネットという情報通信技術が進展し，社会生活に普及している現在に至るまでの代表的な旅行業の機能と役割について整理する.

## 2.3.1　代理機能（購買代理と販売代理）

　まず，旅行業は，基本的な機能として代理機能を備えている．したがって，旅行会社のことを「旅行代理店」と呼ばれることが少なくない．では，旅行会社は，誰に代わってどのような行為をなすのかについて考えてみよう.

　1 つは「旅行者の代理人」としての機能である．消費者が，旅行に関する情報を得がたい時代には，プロとしての情報力と手配力によって，「旅行者の代理人」(購買代理機能) として，運送機関の座席の予約や切符の発券などの業務を行い，旅行者への利便を提供していた．この「旅行者の代理人」としての機能については，「旅行業法」においても，旅行業の基本的な機能として位置づけられている (岡本 2009：128)．そして，購買代理をすることにより，旅行業務取扱料金を旅行者から得ることになる．

　他方，旅行素材である座席や部屋を提供する運送機関や宿泊施設などは，サプライヤと呼ばれ，自らの座席・部屋などの旅行素材販売の多くの部分を旅行業者に委ねていた．これが販売代理機能であり「旅行サービス提供機関 (サプライヤ) の代理人」としての役割を意味している (岡本 2009：128)．そして，旅行業者は，販売を代理をすることにより，サプライヤから販売手数料 (コミッション) を得ることになる．従来型旅行業全盛の時代には，サプライヤ (航空会社やホテルなど) の多くは，自前の販売チャネルをほとんど持つことなく，旅行素材 (座席や部屋) の流通の大部分を旅行業者に依存していた．当然，販売手数料として，膨大な流通経費が発生していたが，自前で販売チャネルを持つことに比べるとはるかにコスト面でのメリットが大きかったのである．一方，旅行業者にとっては大きな収益源であった．この時代には，サプライヤ，旅行業者双方の相互依存関係が成り立っていたのである．しかし，21世紀に入る辺りから「旅行サービス提供機関 (サプライヤ) の代理人」としての役割が大きく変化し，縮小してゆく．理由は，情報通信技術 (ICT = Information & Communication Technology) の進展，普及である．サプライヤは，旅行業者を飛び越えて，パソコンやスマートフォンなど情報通信機器のOn Lineを介して，直接消費者と結びつくことが可能になったのである．この現象は，サプライヤにとって低コストで効率的な流通システムを獲得することになり，ビジネス上，焦眉の急であった流通コストの大幅な削減につながったのである．また，On Lineでの旅行素材の消費者への直接販売は，インターネットの特性をフルに活用できる販売環境でもある．つまり，マルティメディア環境 (文字・映像・動画・音声など) を利用した時間や空間 (場所) を飛び越えた，インタラクティブ (双方向性)，リアルタイム (即時処理) 型の情報やサービス提供であり，そのコストは他のメディ

アに比べて極めて安価である．サプライヤによるOn Lineを通じての旅行素材の販売によって，これまで旅行ビジネス流通構造の中で培われてきた旅行業者とサプライヤとの相互依存関係が大きく崩れることになった．すなわち，旅行業者によるこれまでの単純な販売代理人としての役割が必要とされなくなったのである．

　他方，新たな旅行業モデル，店舗を持たないOnline Travel Agent（以下OTAとする）の出現である．OTAのビジネスモデルは，これまでの単純な旅行素材の販売代理人ではなく，顧客の視点に立ち，顧客の購買行動をいかに支援できるかという発想のもと，自社のサイト上に複数社の旅行素材情報を提供し，顧客が素材の情報（価格や内容など）をもとに比較検討した上で，選択できる仕組みである．新たな中間流通業とも言える機能の登場である．

## 2.3.2　旅行商品造成・販売機能（市場創造機能）

　旅行業にとって最も重要であると考えられる機能として，旅行商品造成・販売機能がある．運送機関や宿泊施設などの旅行素材をあらかじめパッケージ化し，地域の観光素材などに付加価値を加え，1つの旅行商品として企画・造成し，不特定多数の消費者に向けて販売する機能である（募集型企画旅行）．前述したように，従来型の代理機能は，旅行者などの委託を受けて手配する受動的な業態であったのに対して，商品造成・販売機能は旅行業者が主体的にマーケティング活動などに基づいて，地域を商品化し，集客・販売するものである．市販されているパッケージツアー（募集型企画旅行）がこれに相当する．新たに商品化されたパッケージツアーが，その目的地や旅行素材の組み合わせの独自性・新奇性によって，新たな顧客を開拓し，これまでなかった旅行市場を創造する可能性を生む（岡本 2009：128）．このような旅行業による旅行商品の開発と市場への提供は，新しい市場を創り出す効果があることから，旅行業の商品造成販売機能には「市場創造機能」も同時に備わっていると考えられる．例えば，旅行業者がある種の戦略的な重点商品を市場に提供することによって，これまで旅行マーケットの対象とはされてこなかった客層が生まれ，以後，新しいマーケットとして成長してゆくケースがある[6]．日本の観光立国実現に向けて地域創生をキーワードに旅行業の「市場創造機能」に期待がかかるのである．

# 2.4　旅行市場の発展過程と旅行ビジネスの進化

つぎに，近代化以降，今日に至る旅行市場の発展過程と，それに伴う旅行ビジネスの進化について時系列に考察する．

## 2.4.1　旅行ビジネスの萌芽（1868〜1945年）

明治維新後，観光に関わる現象としてまず挙げられるのは，「喜賓会（キヒンカイ）」の設立である．日本の近代化が進展する過程で，国際派の政治経済分野の重鎮であった渋澤栄一，益田孝らが中心となり，外国人客を歓迎する姿勢を明確にし，その受入れを改善することを目的とする公的色彩の強い非営利組織「喜賓会」（Welcome Society）が1893（明治26）年に創立された（JTB100周年委員会 2012：6-7）．喜賓会の設立は，日本のインバウンド観光振興の始まりであり，鎖国時代から開国，そしてようやく動き出した国際交流に向けて，時代の転換点であった．

一方，民間の旅行事業においては，1905（明治38）年滋賀県の草津駅前で弁当店を営んでいた南新助によって，高野山参詣団，伊勢神宮参拝団を世話したのが始まりとされる．その後，南は，1908（明治41）年本邦初の団体臨時列車による，善光寺参詣団を募集し，旅行を実施した．これが現在の株式会社日本旅行の始まりである（日本旅行 1970：306-310）．また，1912（明治45）年になって，外国人観光客誘致と接遇を担うべく団体として「ジャパン・ツーリスト・ビューロー」が設立する．これが現在のJTBの創業とされる．ビューローは，鉄道院（後の鉄道省）が中心となって，旅行サービス提供機関である日本郵船，帝国ホテル，南満州鉄道などが会員として出資し設立され，その事業は，実質的には喜賓会の役割を引き継ぐ形となり，[7]外客誘致，海外への日本の宣伝，そして訪日した外客のあっせんが主要業務であった．その後，鉄道省は，第一次世界大戦後のインフレや1923年の関東大震災などの影響で，景気が後退し，鉄道収入が減少するのに際して，鉄道収入増大に向けて鉄道旅行を奨励する．このため，ビューローでも邦人旅客に対する乗車券類の代理販売を積極的に拡大する方針をとった．1927年には，代理販売収入が会員からの収入を上回った．1935（昭

和10) 年ビューローは，鉄道省主催の団体旅行あっ旋を一手に引き受けるように
なるなど，旅行業的事業としての取り扱い範囲を広げてゆくことになる．一
方，時局は悪化し，戦争に向けて進んでゆく．1940（昭和15）年になると鉄道
省は「不要不急の旅行は遠慮して国策輸送にご協力ください」というポスター
を各駅に張り出して，旅行の制限に乗り出すこととなり娯楽的な旅行は制約を
受け始める（日本旅行 1970：31）．時局に合わせ名称もビューローは，1942年に
財団法人東亜旅行社，1943年東亜交通公社と変え，また業務内容も戦争遂行に
伴う事業<sup>8)</sup>に集約されてゆく．

### 2.4.2　団体旅行の盛隆と海外旅行ビジネスの登場（1945～1970年代前半）

　戦時中のビジネス中断期を経て，戦後の復興期を迎え，旅行業も再スタート
を切ることとなる．敗戦直後の旅行業は，日本の経済復興を図るうえで重要に
なるであろう外国との貿易や経済交流を見据え，海外渡航業務や外国人旅行者
のあっ旋など国際関連業務<sup>9)</sup>をいち早く再開した．また，現在に至る主要な旅行
会社<sup>10)</sup>は，修学旅行や宗教団体などによる本山への参詣旅行，農業団体の観光旅
行などの乗車券類の代理販売，旅館・ホテルなどの宿泊クーポン券の販売など，
団体への手配旅行業務を中心とした取扱いを拡大することによって企業として
の体制を整えていった．

　1954年以降，高度経済成長期に入ると，国民の所得水準も着実に向上し，旅
行ブームが起こり，国内旅行を中心にマスマーケットが誕生した．この時期は，
団体旅行が中心であり，特に職場旅行が大きな部分を占めた．60年代に入り旅
行を取り巻く環境も大きく変化してゆく．国際的な大型イベントである東京オ
リンピック（1964年）や大阪万国博覧会（1970年）の開催を控え，高速道路網の
建設，東海道新幹線の開通，航空機輸送の普及などの輸送基盤が着実に整備さ
れていった．また，宿泊施設に関しても，東京や大阪を中心にその周辺都市に
もホテルブームが派生し，また地方の観光地にも団体受け入れ用に旅館の大型
化が進んだ．このように，旅行素材である輸送機関，宿泊施設ともに格段に整
備された時期でもあった．旅行需要の激増を背景にサプライヤは，手配の複雑
化，高度化に即応する予約システムやサービスを開発してゆく．一方，旅行業
者はこれまでの需要発生ベースの代理販売業態から新たに旅行をストックのき

かない商品（サービス）であると見立てた旅行商品の企画・造成・販売に注力，すなわち，受注生産方式（受動型）から見込み生産方式（能動型）へとビジネスの重点を移してゆく．

　1962年，日本交通公社[11]（現在のJTB）は，個人・グループ向け旅行の商品化第一弾として，セット旅行をスタートさせる．これが，1967年の国鉄（現在のJR）のエック[12]，1970年のJTBの企画旅行商品（国内パッケージツアー）の「エース」につながる．1972年には，日本旅行が同様に「赤い風船」，近畿日本ツーリストが「メイト」の販売を開始する．他方，海外旅行分野では，1964年の海外渡航の自由化を契機に，1965年，日本航空の企画旅行商品（海外パッケージツアー）「ジャルパック」が誕生，1968年には大手旅行業者主導で初めての海外企画旅行商品「Look」がスタートする．やがて旅行業者各社は，自社ブランド商品として海外パッケージツアーを相次いで発売するようになる．旅行は「あっ旋するもの」（旅行あっ旋業）から「商品として販売するもの」（旅行業）へと大きく変容していった．

### 2. 4. 3　旅行需要の変化，団体旅行から個人旅行へ（1970前半〜2000年）

　1970年の大阪万国博覧会は，延べ6422万人という当初の予想をはるかに超える入場者を集めた．これを機に旅行への親しみが，全国的，全人口的な広がりとなり，旅行の大衆化に拍車がかかる．同時に，従来の国内団体旅行が個人・家族・小グループに代わってゆく契機となった．大阪万博によって高まった不特定多数の個人旅行マーケットを取り込み，低下しつつあった従来の団体旅行（職場旅行などの特定団体を対象にした旅行）に代わる商品として旅行業者が市場に投入したのが，前述した国内パッケージツアー商品である．国内パッケージツアーの投入は，旅行業者がこれまで団体旅行で培ってきた旅館・ホテルなどの宿泊施設や列車・バス・航空機などの輸送機関などに対する大量送客のビジネスモデルを引き続き維持し，これらサプライヤとの関係を一層発展させるための仕入れ戦略上の意味も大きかったと考えられる（岡本 2009：122）．

　他方，1970年台初頭，高度経済成長による可処分所得の向上に加え，外国為替の変動相場制への移行[13]による円高の進行，ジャンボジェットに代表される大量高速輸送機就航[14]による旅行費用の低廉化などを背景に，日本人の海外旅行が飛躍的に拡大した．当初は航空会社主導で開発されていた海外パッケージツ

アーであるが，大量高速輸送機就航に伴う新しい運賃（バルクIT運賃）[15]導入により，旅行業者主導（造成・販売）のパッケージツアー商品に移行してゆく．航空会社は旅行商品造成のための「生産財としての運賃」であるIT（Inclusive Tour Fare＝包括旅行運賃）運賃を旅行業者に供給し，旅行業者はその運賃を基に旅行商品であるパッケージツアーを造成する．そして，造成された旅行商品を自社の店舗を通じて消費者に販売する．その後，さらに旅行商品が普及してくると，自社の店舗ネットだけでなく，販売手数料（コミッション）を支払って，他の旅行業者でも販売してもらうようになる．つまり，旅行業者に「卸」と「小売り」の機能分化が生じ，流通経路も通常の消費財同様，素材提供業者（航空会社・宿泊施設）→卸売業者（旅行商品を造成し他社に卸売りするというホールセール機能を有する旅行業者）→小売業者（旅行商品の販売中心＝リテール機能としての旅行業者）→消費者（旅行者）というルートが完成する（足羽 1994：270-271）．1971年，日本の旅行市場において，初めて日本人海外旅行者数が訪日外国人旅行者数を上回った．そして，その後43年間にわたり（2015年まで）この状態が続くこととなる．1987年，海外旅行市場が成長する過程で国の重要な政策判断があった．旧運輸省による「テンミリオン計画（海外旅行倍増計画）」である．1980年代，日本の突出した貿易黒字が国際的に大きな問題となっていた．政府は貿易摩擦緩和に向け，貿易収支の大幅な黒字を旅行収支の大幅な赤字化（海外旅行支出を増加させること）により，国際収支のバランスを改善することを目的に計画を策定した．計画の具体的な数値目標は，1986年の海外旅行者数552万人を1987年から5年以内に1000万人（テンミリオン）にするというものであった．円高や好況などの追い風もあり，1990年に目標であった年間海外旅行者数1000万人を達成したのである[16]．

　その後，海外旅行の日常化や大衆化の進行に伴いリピータ層が増加してゆく．リピータ層の増加とともに「消費者主導で個人または小グループで動く旅行形態」（横山・桜井 1993：44）[17]つまりFIT化や個性化が生じ，旅行需要が変化してきた．しかし旅行業者が提供する従来の団体型の旅行形態では，そうした消費者の要求に対応することが難しく，旅行者の「ツアー離れ」「個人旅行志向」を加速させる結果となった．残念ながらこの時期，日本では国際航空運賃は自由化されておらず，個人を対象とした安価な割引運賃（消費財運賃）が存在しな

かった．そこで，個人旅行需要を取り込むため，旅行業者が中心となり，本来
はパッケージツアー商品を造成するためのIT運賃（Inclusive Tour Fare＝包括旅行
運賃＝生産財運賃）の法定価格を大幅に割り引き，ホテルや観光などの地上手配
無しで（パッケージツアーとして販売されず），消費者である個人旅行者に格安航空
券（本来は規則違反である）として大量にばら売りされるようになる．やがてこ
の格安航空券が，日本の海外旅行市場を席巻するまでになってゆく．1998年，
政府は，国が定めた認可運賃と市場の実態（不公正な格安航空券の存在と価格）と
のあまりにも大きくなった乖離を正すため，大幅な国際航空運賃制度改正を
行った．この改正により，市場の実勢価格（格安航空券の運賃レベル）と個人割引
運賃（認可運賃レベル）の乖離がかなり解消されることになり，格安航空券の存
在価値は著しく低下した．しかし，この時点ではまだ，LCC（格安航空会社＝
Low Cost Carrier）の就航を可能するような国際航空運賃の自由化には至らなかっ
た．2008年，ようやく日本市場において国際航空運賃の自由化が実現した[18]．そ
して，消費者は，情報通信技術の進展・普及する環境の中で，自由化により低
価格化した個人割引運賃を旅行業者を介することなく，航空会社からインター
ネットなどを通じてダイレクトに購入するようになる．このように運賃の自由
化と情報通信技術の進展・普及が相まって，仲介ビジネスとしての旅行業者の
流通上の優位性が崩れてゆく．

### 2. 4. 4 観光政策の転換，インバウンド旅行市場の急成長と旅行業
### 　　　　（2003年〜現在に至る）

　21世紀になり，日本の観光政策が大きく転換する．テンミリオン計画に代表
される海外旅行振興から，インバウンド観光振興への転換である．2003年，第
156国会の施政方針演説において，小泉首相（当時）は，観光を国家戦略の1つ
とする観光立国宣言を行い，2003年を「訪日ツーリズム元年」と位置付けた（国
土交通省編 2003：64-65）．政府の政策転換の背景には，人口減少・少子高齢化や
工場の海外移転などによって疲弊し空洞化している地方都市の存在と，日本の
膨大な財政赤字問題が考えられる[19]．国や地方の財政状況の悪化から，これまで
のような大規模公共投資による地域振興策は実施できない．そのような状況の
中，考案されたのが，観光による地域振興策である．大規模公共投資に比べ，

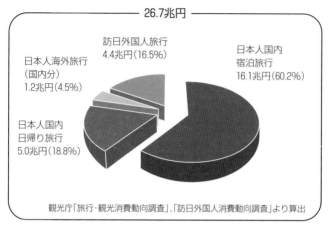

観光庁「旅行・観光消費動向調査」,「訪日外国人消費動向調査」より算出

（出所）国土交通省，観光庁（2018）「旅行・観光消費動向調査」（平成30年2月21日）
プレスリリース資料，p.8.

**図2-1　2017年国内旅行消費額内訳**

投資額が少なく，経済・雇用波及効果が大きい．また，地域の自助努力が求められる観光は，地域住民の活性化にもつながるという利点もある．緊縮財政を強いられる政府にとっては格好の政策選択であった．そして，2006年には，観光立国推進基本法の成立，2007年には観光立国推進基本計画の策定，2008年には観光庁が設置された．この間政府は，国際航空運賃の自由化や外国籍航空会社の地方空港への路線開設や増便の原則自由化（LCCの地方への参入促進），査証取得要件（観光目的）の大幅緩和など，自由化や規制緩和により，外国人受け入れに関わる基盤の整備を行った．そして，2013年，当面の目標であった訪日観光客1000万人を達成した．その後もインバウンド市場は成長を続けている．直近の数字を平成30年版（2018年）観光白書（国土交通省観光庁 2018：34）で見ると，2017年の国内旅行消費額は，26.7兆円．内訳は，日本人の国内宿泊旅行16.1兆円（60.2%），日本人国内日帰り旅行5.0兆円（18.8%），日本人の海外旅行の内国内消費分1.2兆円（4.5%），そして訪日外国人旅行4.4兆円（16.5%）である．

　さらに，旅行消費額内訳の推移を見ると，2012〜2017年にかけて，日本人分の旅行消費はほとんど変わらず成熟状態を保っているが，この間，訪日外国人消費は1.1兆円から4.4兆円と4倍に成長している．

表 2-3　旅行消費額内訳の推移 (2012〜2017年)

(兆円)

| | 2012年 | 2013年 | 2014年 | 2015年 | 2016年 | 2017年 |
|---|---|---|---|---|---|---|
| 日本人国内宿泊旅行 | 15.0 | 15.4 | 13.9 | 15.8 | 16.0 | 16.1 |
| 日本人国内日帰り旅行 | 4.4 | 4.8 | 4.5 | 4.6 | 4.9 | 5.0 |
| 日本人海外旅行 国内分 | 1.3 | 1.2 | 1.1 | 1.0 | 1.1 | 1.2 |
| 訪日外国人旅行 | 1.1 | 1.4 | 2.0 | 3.5 | 3.7 | 4.4 |
| 合　　計 | 21.8 | 22.8 | 21.6 | 24.8 | 25.8 | 26.7 |

(出所)　観光庁「旅行・観光消費動向調査及び訪日外国人消費動向調査」より作成.

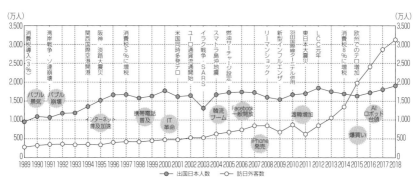

(出所)　JNTO 日本政府観光局「日本の観光統計データ」
　　　　〈https://statistics.jnto.go.jp/graph/#graph--inbound--travelers--comparison〉2019年 9 月
　　　　18日取得.

図 2-2　出国日本人数と訪日外客数の推移

　他方，出国日本人旅行者数と訪日外客数の時系列推移（図2-2）を見ると，まず，出国日本人数は，21世紀に入ってからほとんど伸びず停滞しているが，訪日外客数は，2003年のビジット・ジャパン・キャンペーン以降10年間で約 2 倍，2014年は約1341万人にまで急増，2015年には，年間約2000万人に迫る1973万人を記録し，1970年以来45年ぶりに訪日外国人旅行者が日本人の海外旅行者数を上回る結果となった（国土交通省観光庁 2018：30）．そして，2017年2869万人，2018年には3119万人（2003年の約 6 倍），ついに，訪日外国人旅行者4000万人の実現が視野に入ってきた．また，2018年日本を訪れた外国人による旅行消費額（以下インバウンド消費額）は，4 兆5064億円と推計され，このインバウンド消費

が日本の消費経済全体を下支えするまでに成長してきた．なお，『令和元年版観光白書』によると，訪日外国人旅行消費額2018年4.5兆円は，日本の年間製品別輸出額と比較すると半導体電子部品を抜いて，自動車に次いで 2 番目の規模である（国土交通省観光庁編『令和元年版　観光白書』：57）．

　また，財務省が2015年に発表した2014年度の国際収支統計によると，訪日外国人旅行者による消費が貢献して旅行収支（外国人旅行者が日本で使った金額から日本人が海外で支払った額を差し引いた額）はなんと1959年度以来，55年ぶりに黒字となった[21]．2018年は，2 兆3139億円と過去最高の黒字額を記録した．このように，日本の稼ぐ力の構造が大きく変わってきたのである．政府は，このような現象を捉え，観光の持続可能な発展を見据え，2016年に「明日の日本を支える観光ビジョン[22]」を策定した．その中で，観光先進国（観光立国）実現に向けて「全国津々浦々その土地ごとに，日常的に外国人旅行者をもてなし，わが国を舞台とした活発な異文化交流が育まれる，真に世界へ開かれた国」を目指すとともに，「観光は，真に我が国の成長戦略と地方創生の大きな柱である」と認識し，観光による地方創生を掲げている．

　一方で政府は，観光立国実現に向けて喫緊の課題として，特定地域への旅行者の集中，すなわち，旅行需要の地域分散化を挙げている．政府は，有名観光地や大都市だけでなく人口減少・少子高齢化に直面する地方都市・地域において，需要や雇用を創出する可能性のある観光交流人口を確実に取り込むようにすることこそが，観光立国実現に向けての最重要課題であると捉えている．

　さて，このようにインバウンド市場が急成長を遂げている中で，国内旅行業者のビジネス動向について確認しておこう．

　まず，国内旅行業者の現況を直近の取扱実績の内訳（2018年度の旅行取扱実績）で見ると，訪日外国人旅行者取扱額については，旅行業者の総取扱額全体の僅か4.6％にすぎない[23]．取扱額全体の54.8％が日本人の国内旅行，40.6％が日本人の海外旅行と全取扱額の95.4％が日本人相手のビジネスで成り立っていることが分かる．このように国内旅行業者は，構造的に収益の大半を日本人相手のビジネスに依存しており，成長分野であるインバウンド需要を十分に取り込めていないのが分かる．言い換えると取扱額の観点からは拡大の余地を十分残している．しかし，なぜこのような状況が生じたのだろうか．1990年代以降，東ア

表 2 - 4　平成30年度主要旅行業者の旅行取扱状況年度総計

| 区　　分 | 取扱額（千円） | 取扱割合（％） | 前年度比（％） |
|---|---|---|---|
| 海 外 旅 行 | 2,121,453,478 | 40.6 | 105.0 |
| 外 国 人 旅 行 | 241,407,128 | 4.6 | 112.9 |
| 国 内 旅 行 | 2,861,781,045 | 54.8 | 984 |
| 合　　計 | 5,224,641,650 | 100 | 101.6 |

（出所）　観光庁（2019）「平成30年主要旅行業者の旅行取扱状況年度総計（速報）」
　　　　（令和元年5月15日）プレスリリース.
　　　　〈https://www.mlit.go.jp/common/001288904.pdf〉を基に筆者が加工.

ジア地域の経済が成長し，同地域からの訪日客の比率が増加する中で，香港，台湾，韓国などの各国・地域は，自国系のランドオペレーター[24]を日本で育成し，自主オペレーション体制を確立させた．その結果，国内旅行業者は，手配実務，言語，コストの面でアジア系ランドオペレーターと太刀打ちできなくなり，業界としてインバウンドへの関与が著しく低下したことが考えられる（岐部・原 2006：166-167）．しかしながら，ここ数年の国内旅行業者のインバウンド取扱高推移を見ると，前年比で連続して大幅に増加していることが分かる（2013年度26.1％増，2014年度 35.2％増，2015年度 44.0％増，2016年度 14.0％増，2017年度 12.1％増，2018年度 12.9％増）[25]．このように最近では，これまでの日本人市場に偏りすぎた収益構造を改め，今後も成長が見込むことができるアジア地域を中心としたグローバル市場に向けた積極的な展開を図る動きが見られるようになってきた．大手旅行業者を中心に，外国系旅行企業とのM&A（Mergers合併and Acquisitions買収）やBtoB（企業間取引）を基本とした企画や手配業務に加え，FIT[26]（個人旅行形態）を対象としたウェッブサイト上での旅行商品の販売，海外における新規店舗の出店，日本の地域（着地）での販売拠点の開設など，BtoC（外国人旅行者向けの直販ビジネス）強化も進めているようである（柿島 2018：54-56）．

## お わ り に

　これまで，日本の観光を支え，基幹的な役割を果たしてきたと考えられる国内の旅行業者について多角的に考察してきた．最後に，これまでの考察を踏まえ，今後，観光立国実現に向けて果たすことが期待される国内旅行業者の役割

や機能について探ってみよう.

　前述したように，観光立国実現に向けて最大の課題は，特定地域への旅行者の集中であり，旅行需要の地域分散化が求められている. 現在，日本のインバウンド市場は，訪日経験の少ない人々を対象とした大量観光需要と，すでに日本への旅行を経験した訪日リピータ需要が混在した形で成り立っている. 旅行需要の地域分散化は，主に今後益々増えるであろう訪日リピータ層に向けてのアプローチである. これには，訪日旅行に真正性を求める彼らの嗜好を十分に理解し，日本各地にごく普通に存在するさまざまな地域（地域に存在する素材を含めて）に対して，その魅力を引き出し，磨き上げ，彼らにとっての異日常的な日本的価値や空間を創造し国内外に正確にかつ効果的に情報を発信してゆくことが求められる. そしてこの役割を担うべく期待されているのが国内旅行業者であろう. すなわち，これまで日本人対象に培ってきた国内旅行商品づくりをベースに，地域のさまざまな事業関連組織や住民と連携しながら新たな旅行素材を発掘し，企画造成能力やマーチャンダイジング[27]の手法を生かし，真正性のある商品を創造し，そしてグローバルな市場に向けて受発信できる流通チャネルを構築することである（立教大学観光学部旅行産業研究会 2019：188-189）. このように，国内旅行業者には，グローバルな視点で旅行市場の動向を探りつつ，ローカルと緊密に連携を取りながら対応する「グローカル」な役割や機能が求められている.

注
1）　日本政府観光局によると2018年年間訪日外国人数は前年比8.7％増の3119万2000人と初めて3000万人の大台を突破した.
2）　日本経済新聞連動特集，マイナビ2020，2020年卒版就職企業人気ランキング，文系総合では，第1位がJTB，2位全日本空輸，5位日本航空，11位にHISなどが入っている.〈https://job.mynavi.jp/conts/2020/tok/nikkei/ranking20/rank_bun_all.html〉2019年8月2日取得.
3）　バスなどの回数券販売所のように，運送サービス提供機関の代理人としての発券業務にのみ従事するような場合は旅行業には該当しない.
4）　例えばJTBという旅行業者の代理業者として登録を行い，JTBとの契約の中で，業務を行う.
5）　日本旅行業協会（JATA：Japan Association of Travel Agents，一般社団法人）とは，

　　旅行業務の改善やサービスの向上を図り，旅行の促進と観光事業の発展を目指す旅行業
　　界団体のことである．

6）　（岡本 2009：129）．例えば，海外ウェディングや中高年齢層向けの軽登山やトレッキ
　　ングツアーなども旅行業の積極的な商品展開によって新市場を開拓した例である．

7）　喜賓会と新組織ジャパン・ツーリスト・ビューローは直接的には協力体制をとらず，
　　ビューロー設立 2 年後の 1914（大正 3）年に喜賓会は解散した．

8）　（日本旅行 1970：34）．占領地となった南方への事業拡大や旅館の経営に重点を置き，
　　占領地域に対する文化宣伝業務を活発化させた．

9）　1947年，民間貿易が再開，アメリカ系航空会社，船会社などが日本に進出し，これに伴っ
　　て外客のあっ旋が始まり，戦後のインバウンド事業の端緒となった．

10）　大手旅行業者として，敗戦直後に日本交通公社として再発足したのを皮切りに，1949
　　年に株式会社日本旅行が再創業し，その後，近畿日本ツーリスト，東急観光，阪急交通
　　社などが開業している．

11）　1945年，9 月新時代に備えて社名を東亜交通公社から財団法人日本交通公社へと改め
　　た．

12）　エックは，エコノミークーポンの略で出発から帰着まで，座席券宿泊券がセットされ
　　家族グループに人気が高かった．

13）　1973年 2 月，日本は，1 ドル360円の固定相場制から変動相場制へと移行する．その後，
　　日本経済は円高の圧力に晒され，怯え続けることになる．

14）　1969年以降ボーイング社が開発したB747型機に代表される大量高速輸送機時代に入り，
　　座席販売政策として新しい運賃制度（バルクIT運賃：安価な運賃を利用したパッケージ
　　ツアー商品が開発される）

15）　1969年，IATA（国際航空運送協会）は，アジア・ヨーロッパ・太平洋路線を対象とし
　　た座席の一括購入制度，バルクIT運賃の導入を決定した．この運賃は，旅行業者が航空
　　会社から40席（または25席）単位で座席を買い取るシステムで，割引率（普通運賃の
　　60％割引）も大幅であった．従来60万円であったヨーロッパ旅行が30万円，ハワイ旅行
　　は30万円から15万円に下がるという利点があった．この運賃導入により，海外旅行の低
　　価格化が一気に実現する．

16）　運輸省編『平成 3 年　運輸白書』国立印刷局，1991年，付表テンミリオン計画の成果
　　によると，86年に貿易収支黒字額の6.1％であった旅行収支の赤字額が，90年には33.5％ま
　　で拡大し，貿易収支黒字の 3 分の 1 強を旅行収支の赤字で相殺するまでになった．

17）　ForeignまたはFree ,IndependentまたはIndividual ,Tour/Travel/Trip＝旅行業者の旅
　　行商品を頼らず個人で素材を手配して旅行する形態

18）　国際航空運賃制度の変遷については，（小林ほか 2009）に詳細が記されえている．

19）　国債，借入金，政府短期証券などを合わせた債務残高の総額は，2000年12月時点です
　　でに500兆円を超えていた．

20)　JNTO（日本政府観光局）平成31年2月20日報道発表資料による推計値.

21)　旅行収支は日本を訪れた外国人が宿泊や飲食などに使ったお金（受け取り）から，日本人が海外で支払ったお金（支払い）を差し引く．2013（平成25）年度の5304億円の赤字から2014（平成26）年度は2099億円の黒字になった.

　　　原動力になったのが訪日外国人の急増だ．2018（平成30）年は3119万人で過去最多になった．それに伴い，国際収支上の受け取りも4兆5064億円と過去最高になった.

22)　2016（平成28）年3月30日，内閣総理大臣安倍晋三が議長となった「明日の日本を支える観光ビジョン構想会議」にて策定された.

23)　観光庁（2019）「平成30年度主要旅行業者の旅行取扱状況年度総計（速報）」（平成30年4月分～平成31年3月分）によると，総取扱額：5兆2246億4165万円，訪日外国人の取扱額：2414億712万800円（約4％），日本人海外旅行の取扱額：2兆1214億5347万8000円，日本人国内旅行の取扱額：2兆8617億8104万5000円である.

24)　ランドオペレーター：海外旅行の手配では航空機をAirというのに対し，宿泊，地上交通，食事，ガイド，観光施設などをLandという．ランドオペレーターはこれら地上サービスの手配をする業者で地上手配業者ともいう.

25)　観光庁「主要旅行業者の旅行取扱状況年度統計」各年度版より.

26)　Foreign/Free Independent Tour/Travelの略航空券や宿泊施設を個別に個人で手配する個人旅行形態.

27)　消費者の欲求・要求に適う商品を，適切な数量，適切な価格，適切なタイミングなどで提供するための企業活動のこと.

**参考文献**

足羽洋保（1994）『新・観光学概論』ミネルヴァ書房.

石井淳蔵・高橋一夫編（2011）『観光のビジネスモデル』学芸出版社.

岡本義温（2009）「旅行サービスと旅行商品」小林弘二ほか編『新版　変化する旅行ビジネス』図書出版文理閣.

柿島あかね（2018）「インバウンドの増加と国内旅行業」『日本政策金融公庫論文集』第38号.

岐部武・原祥隆編（2006）『やさしい国際観光』財団法人国際観光サービスセンター.

公益財団法人日本交通公社編（2010）『旅行年報』公益財団法人日本交通公社.

国土交通省観光庁編，関係各年度『観光白書』日経印刷株式会社.

国土交通省観光庁編（2018）『平成30年版　観光白書』.

国土交通省観光庁編（2019）『令和元年版　観光白書』.

国土交通省編（2003）『平成15年版　観光白書』国立印刷局.

小林弘二（2007）『旅行ビジネスの本質』晃洋書房.

小林弘二ほか編著（2009）「国際航空運賃制度の変遷と旅行ビジネスの変化」『新版　変化する旅行ビジネス』文理閣.

JTB100周年委員会編纂（2012）『JTBグループ100年史』株式会社ジェーティービー.

谷口和寛（2018）「旅行業法と旅行業」森下晶美『新版旅行業論』同友館.

日本旅行（1970）『日旅六十年史』（2-5）.

長谷正弘編著（1997）『観光学辞典』同文館.

森下晶美編著（2018）『新版旅行業概論』同友館.

横山元昭・桜井幹男（1993）『比較日本の会社　旅行・航空』実務出版.

立教大学観光学部旅行産業研究会編（2019）『旅行産業論』公益財団法人日本交通公社.

# 第**3**章　交通機関と観光

## は じ め に

　交通機関（輸送業）は，人の移動手段として観光を支える重要な役割を担う.

　シヴェルブシュ（2011）は『鉄道旅行の歴史』において，鉄道が生み出す空間現象として，「所与の空間的隔たりを踏破するためには，伝統的にはある決まった旅行の時間または輸送の時間が必要であったが，この距離が，突然その時間の何分の一かで踏破されることとなり，これを裏返せば，同じ時間で昔の空間的な隔たりの何倍かが進められることになった」と説明した．同様に柳田（1932）は，このことを「縮地の術」と表現した．1830年にイギリスのリバプール・アンド・マンチェスター鉄道が開業し，蒸気機関車でマンチェスターとリバプールの間で営業運転を始めたが，その時の営業距離は50km程度であった．ところが，ハイドパークで大博覧会が開催された1851年には，開業距離が1万1263kmに達し，その結果,「駅馬車時代には数日を要していた旅が，わずか数時間に短縮され」（老川，2017）ることになる.

　同様なことが海上では蒸気船の登場によって起こり，航空機特にジェット旅客機はこの現象を急速かつ広範囲で実現した．また，高速道路をはじめとする道路網の整備が長距離高速バスの利便性を向上させた.

　つまり交通手段の近代化がもたらしたのは，移動に必要な所要時間の短縮と移動空間の拡大であり，それはまた前田（2018）の言う「経済的距離の短縮」と「心理的距離（近いと感じること）の短縮」を伴うものであった．こうした現象は柳田（1967）が「釣り出されて遊覧の客となった」と表現した人を生み出し，広く観光の大衆化に寄与することになる.

　今日では，高速性に加え，快適性の付加と大量輸送が実現し，これらの交通

機関は観光媒体としての機能を高度化させるとともに，一方で観光資源としての価値を有するようになった.

　本章では観光媒体，観光資源の2つの側面から交通機関を分析し概観することにする.

# 3.1　鉄道と観光

### 3.1.1　日本の鉄道

　目的地まで，大量の人と物を迅速かつ安全に運搬することが鉄道事業の使命であり，利用者の側からみれば，通勤，通学，旅行（観光を含む）の手段である.

　日本初の鉄道が新橋—横浜間の29.0kmで開通したのは1872（明治5）年のことである．その後1880年代には各地で鉄道の敷設が進み，1889（明治22）年には東海道線，新橋—神戸間が全通するなど，鉄道路線網は官設・私設を問わず全国に急速に広がった.

　その後，1906（明治39）年から1907（明治40）年にかけて行われた主要私鉄17社の国有化によって国鉄の鉄道網が整備されることになる．また，複線化，電化などとともに，在来線の特急網が全国に張り巡らされることで利便性が増し，さらに新幹線網の整備によって，鉄道の高速化と快適性の向上が進んだ.

　日本の鉄道（軌道を含む）の現況は，国土交通省鉄道局監修『鉄道要覧』2019年度版によると，2019年現在，その全営業キロは2万7987.2kmに達しており，また鉄道輸送統計調査月報（2018年12月分）によると，鉄道（軌道を含む）旅客輸送量旅客数量総合計は，20億9156万人，旅客人キロ総合計では，350億人キロである.

　こうした全国に張り巡らされた鉄道網が，観光での鉄道利用を飛躍的に発展させてきたわけだが，今日では，人口の減少や高速道路網の整備とそれに伴う高速バスの運行などによって，運行コストの高い鉄道は，特に地方路線の維持が困難になり，廃線や運行本数の減少によって，観光地へのアクセスに鉄道を利用できなくなった地域も出現している.

### 3.1.1.1　鉄道の延伸（開業）と観光開発

　鉄道の延伸や開業が，地域の観光開発に大きな役割を果すことがある．古く

は日光や湘南の観光開発に鉄道の開業が大きな役割を果したことは有名であるが，ここではより近年のいくつかの事例を紹介する．

　例えば，1961（昭和36）年12月，伊豆急行が伊東から伊豆急下田までが開通し，その結果伊豆半島の観光開発が急速に進み，観光客の入込数を大幅に増やすことに貢献した．また，1970年に行われた近畿日本鉄道（以下近鉄）の宇治山田から鳥羽経由での志摩半島の賢島までの開通は，名古屋，大阪，京都からの伊勢志摩地域来観者の大幅な増加をもたらすこととなった．

　鉄道網の充実が，観光開発に大きな影響を与えた事例としてこれらは顕著なものである．

### 3. 1. 1. 2　観光客獲得のためのさまざまな施策

　観光客を乗客として獲得するために鉄道会社ではさまざまな施策を行っているが，観光客をターゲットとした「お得な切符」の販売や，「旅クラブ」の運営などがある．

### 3. 1. 1. 2. 1　観光客のための「お得な切符」の販売

　鉄道会社にとって，観光客の乗車を促進することが重要な課題である．こうした課題に対応するためにさまざまな施策を行っている．例えば鉄道各社が販売している「お得な切符」もその中の1つである．

　JR各社が発売しているものでは，JR西日本の「ぐるりんパス」やJR東海の「フリーきっぷ」などがある．「ぐるりんパス」には「金沢・加賀・能登ぐるりんパス」，「城崎温泉・出石・竹田城跡ぐるりんパス」，などJR西日本沿線の主要な観光地に関するものが発売されており，これらは基本的には，往復のJR券，観光施設入場券，周遊区間の乗り物券がセットになっていて，利用範囲内で自由な旅を組み立てることが出来る．旅行会社のツアーとの相違点は宿泊施設が組み込まれていない点である．

　同様なものは私鉄各社でも販売されている．例えば近鉄の「まわりゃんせ」や東武鉄道の「まるごと日光・鬼怒川　東武フリーパス」などがある．両社は，いずれも有名観光地と都心を結ぶ路線をしており，観光客輸送を積極的に展開している（切符などの状況はいずれも2018年10月現在）．

### 3. 1. 1. 2. 2　鉄道会社の旅クラブ

　観光に人を誘うためにはいろいろな仕掛けが必要である．そしてそこではそ

れぞれの人の属性（年齢，性別，趣味，経済力など）に応じた対策がなされる必要
がある．

　鉄道各社では，これらの属性に応じたさまざまな観光商品が企画・販売され
ているが，それに留まらず，一定の客層を対象とした「旅行クラブ」などが設
置されている．例えば，JR西日本の「おとなび」や，JR東日本の「大人の休
日倶楽部」などは，比較的経済的にも時間的にも余裕がある50代以上の熟年層
を対象としたクラブである．通常これらは，バーチャルなクラブであるが，「大
人の休日倶楽部」ではさらに一歩進め，「大人の休日倶楽部趣味の会」の各種
講座を開催し，リアルな交流機会を作り，旅で出会った人たちがそこに集い，
またそこで集った人たちが再び旅に出るという循環を作り出す工夫をして
いる．

## 3.1.2　観光資源としての鉄道（日本）

### 3.1.2.1　観光列車

1960年代の団体旅行全盛期に登場したのが，お座敷列車（畳敷きの内装を持っ
た車両）や欧風列車である．1990年代の，バブル崩壊や，それ以降の個人旅行
志向などの影響を受け，これらの列車は急激にその数を減らした．

　今日，観光列車と呼ばれているものは，目的地への移動手段や車窓からの景
観を楽しむという機能とともに，列車そのものの魅力も含めて観光客を鉄道に
誘導する目的で作られたものである．

　JR九州が提唱している一連の "D&S（デザイン＆ストーリー）列車" やJR東日
本の，「リゾートしらかみ」，「リゾートみのり」，「きらきらうえつ」など，さ
らにはSLやまぐち号（JR西日本）やSL人吉（JR九州）などのSL列車，黒部峡谷
鉄道や嵯峨野観光鉄道のトロッコ列車などがある．

　JR以外の私鉄でも，多くの観光列車が作られ運行されている．例えば，近
鉄には通常の特急列車の他に，観光特急として，「しまかぜ」や「青の交響曲（シ
ンフォニー）」がある．

### 3.1.2.2　クルーズ列車

　近年大きく脚光を浴びているのがクルーズ列車である．
JR九州の豪華列車「ななつ星in九州」，JR東日本の「TRAIN SUITE 四季島」，

JR西日本の「トワイライトエクスプレス瑞風」があるが，これらはいずれも，基本的に，一泊二日または三泊四日などの宿泊を伴う周遊で運行されており，日本の鉄道に，クルーズ列車という新たな概念を導入した点で画期的なものである．

　こうしたクルーズ列車の登場によって，鉄道を観光資源として捕らえる視点は，今後ますます重要になってくると考えられる．

### 3.1.3　海外の鉄道

#### 3.1.3.1　ヨーロッパの都市間鉄道

　19世紀に，イギリス，フランス，オーストリア，ドイツ，スイスなどヨーロッパ各地で鉄道網の整備が行われ,人やモノの移動の便宜を飛躍的に向上させた.その後，ヨーロッパの鉄道網は高度に発達し，今日ではヨーロッパの各国や有名な都市のほとんどすべてが鉄道でつながれ，この鉄道網上を従来からあるインターシティ（InterCity，Inter-City，Intercityなど，略称IC）に加え，高速鉄道が縦横に走っている．

　ヨーロッパの高速鉄道は，1981年にフランスのTGVが，最高時速260kmでパリ，リヨン間を走り始めたことから始める．現在TGV，タリス，レフレッチェ，ユーロスター，ICE，AVEなどの数多くの高速鉄道が走っており，その最高時速は300kmに達し，4時間程度で到達できる距離が300〜800kmに達している．

　ヨーロッパの鉄道は，日本の新幹線とは違い，在来線列車，高速列車のいずれもが標準軌（1435mm）で統一されているため，高速鉄道用の新線に加え，在来線にも乗り入れている．そのため，都市の中心部に位置することが多いヨーロッパの主要駅に乗り入れることができるため,観光利用にも大変便利である．

#### 3.1.3.2　観光資源としての鉄道（ヨーロッパ）

　ヨーロッパの主な観光列車としては次のようなものがある．

①アールベルクライン（Arlberg line）（オーストリア）

　インスブルックとブルーデンツ 間を走り，数多くの橋，高架橋，オーストリアアルプスの美しい景色を見ることができる．

②ベルゲン鉄道（ノルウェー）

ベルゲンとオスロを結び，フィヨルド，滝，山，凍湖など，ノルウェーの絶景を満喫できる．

③ベルニナ・エクスプレス（Bernina Express）（イタリアースイス）

スイスの山々の風景，ダイナミックな氷河，アルプスの湖，広がる田園風景の眺めを満喫できる．

④フロム鉄道（Flåm Railway）（ノルウェー）

ノルウェーのミュルダールの山中の駅から出発し，ヨーロッパで最長，最大の深さを誇るフィヨルドであるソグネフィヨルドを通ってフロムへと向かう．

⑤センメリング鉄道（オーストリア）後述

⑥グレッシャーエクスプレス（Glacier Express）（スイス）

別名氷河特急と呼ばれる．ツェルマットとのサン・モリッツを，約8時間かけて結ぶ．最高地点2033mのオーバーアルプ峠を越え，7つの谷，291の橋，91のトンネルを抜けて走る．平均時速は約34kmに過ぎず，「世界一遅い特急」と呼ばれる

以上の他にも観光鉄道は数多く存在しており，ブラックフォレストライン（Black Forest Lines）（ドイツ），チェントヴァッリ鉄道（Centovalli Railway）（イタリアースイス），ゴールデンパス（Golden Pass）（スイス），インランツバーナン（Inlandsbanan）（スウェーデン），ラインバレーライン（Rhine Valley Line）（ドイツ），ラウマライン（Rauma Line）（ノルウェー），ウィリアムテルエクスプレス（Wilhelm Tell Express）（スイス），などがある．

ヨーロッパ以外にも該当するものは数多く存在し，「ザ・ブルートレイン（南アフリカ）」，「ザ・ガン（オーストラリア）」，「イースタン＆オリエンタル急行（タイ）」などの豪華列車，「キュランダ・シーニック鉄道（オーストラリア）」などの観光鉄道は，数え切れないほどある．

さらに，登山鉄道，ケーブルカー，保存鉄道などを加えるとその数は膨大である．

### 3. 1. 3. 3　世界遺産としての鉄道

世界遺産として登録されている鉄道は以下の4つである．いずれも世界遺産登録されることで認知度も高まり，観光資源としての価値が高まった．

①ゼメリング鉄道

　1848年に着工され，6年後の1854年に開通した．ウィーンから，イタリアのトリエステを結ぶ路線の途中にある，グログニッツとミュルツツーシュラーク間の約41kmがゼメリング鉄道と呼ばれている．オーストリア帝国時代，港町トリエステからの物資を運ぶために建造された．ゼメリング峠は標高約1000メートルのアルプス越えの難所であり，馬車で峠を越えるしかなかったが，急勾配の山腹をたどり，世界で初めてアルプス山脈を越えた鉄道である．全長41.825kmの間に16のトンネル，16の高架橋，100カ所以上の石橋，11カ所の鉄橋が設けられたが，アルプスの美しい景観を守るため，高架橋には鉄鋼を使用せず石やレンガを用いるなど，自然との調和を保つよう工夫がされた．1998年，鉄道全体が世界遺産（文化遺産）として登録された．

②レーティッシュ鉄道

　レーティッシュ鉄道は，トゥージス～サン・モリッツ（アルブラ線），サン・モリッツ～ティラーノおよびサメーダン～ポントレジーナ（ベルニナ線）の２つの路線で構成されている．アルブラ線は1904年，ベルニナ線は1910年に開通した．1900年代はじめの山岳鉄道の技術をそのまま残す貴重な鉄道遺産である．

　アルブラ線にはグレシャーエクスプレスとベルニナ・エクスプレスが走り，ベルニナ線にはベルニナ・エクスプレスが走る．

　2008年に「レーティッシュ鉄道アルブラ線とベルニナ線の景観群」として，世界遺産登録（文化遺産）を受けた．

③ブダペスト地下鉄1号線

　現在もブダペスト市民の足として活躍している．いわゆる観光鉄道ではないが，世界遺産登録を受けたことで観光資源として注目されるようになった．最初の地下鉄であるロンドン地下鉄が蒸気機関車であったのに対し，大陸ヨーロッパ初のブダペスト地下鉄は，はじめから電車で運行された．1896年のハンガリーの建国一千年祭にあわせて開業した．

　2002年6月の拡大登録申請によって，世界遺産「ブダペストのドナウ河岸とブダ城地区およびアンドラーシ通り」（文化遺産）の構成資産となった．

④インドの山岳鉄道群

　インド東北部のダージリン地方を走るダージリン・ヒマラヤ鉄道は，1999年に世界遺産として登録された．イギリスの植民地であったインドで1881年に紅

茶の運送用に建設された．高いところで標高2200mの山岳地帯を走る山岳鉄道である．2005年には，ニルギリ山岳鉄道が追加登録され，2008年には，カールカー＝シムラー鉄道が拡大登録された．いずれもその文化的価値を評価され文化遺産として登録されている．

### 3.1.3.4 鉄道チケット

ヨーロッパで鉄道を使い観光する場合，ユーレイルパスの使用が便利である．は，ヨーロッパ各国の鉄道パスを発行するのは，ヨーロッパ各国の鉄道会社や船会社が出資しているEurail Group G.I.E.である．

ユーレイルパスは，ヨーロッパ以外の居住者を対象として（ヨーロッパ域内居住者用にはインターレイルパスがある），以下の4種類のパスがある．「ユーレイルグローバルパス」では，ヨーロッパ31カ国で利用でき，近隣諸国4カ国を巡りたい場合には，「ユーレイルセレクトパス」，隣接する2，3カ国を選べる「ユーレイルリージョナルパス」，1カ国のみで国内周遊する場合の「ユーレイル1カ国パス」である．

それぞれ，通用日連続タイプや，有効期間内に一定の利用日を選べるフレキシータイプがあり，用途に応じて選ぶことができる．

また，スイスは世界で最も鉄道・バスなどの公共交通機関が発達した国の1つであり，観光が基幹産業である．ここでは，観光旅行者が利用する可能性のあるほとんどの交通機関に適用される観光旅行者向けのスイストラベルパスやスイス・ハーフフェアカードが販売されていて観光旅行者にとって非常に利便性が高く，簡単に利用できるようになっている．

世界観光機関の『Tourism Highlights 2018 Edition 日本語版』(2018)によると，国際観光客到着数（海外旅行者受入数）を国別に眺めると，1位フランス，2位スペイン，5位イタリア，7位イギリス，8位ドイツとなっており，また，国際観光収入（インバウンド旅行に伴う収益）では，2位スペイン，3位フランス，5位イギリス，6位イタリア，8位ドイツとヨーロッパ各国は観光に大きく依存している．

ユーレイルパスの利用者も主に観光者であり，観光者誘致の観点からヨーロッパ各国が鉄道利用者を大きく優遇していることがわかる．

# 3.2　航空機（旅客機）と観光

　航空機による旅客輸送の歴史はそれほど長いものではなく，1920年代から1940年代にかけて，今日の航空会社の前身となる企業がヨーロッパ主要国であるフランス，イギリス，ドイツなどに設立されたことに始まる．アメリカでも1920年代後半に誕生した．

　日本で本格的な旅客輸送を行う航空会社が設立されるのは第二次世界大戦後の1950年代である．戦後の日本では，GHQの「非軍事化」により航空機の運航が禁止されていたため，航空会社は消滅していた．その後，1951年に日本航空（以下JAL）が設立されたが，この時点ではまだ日本による運航はできずアメリカのノースウエスト航空による運航であった．日米講和条約を締結（1952年）して独立を回復すると，日本での旅客機の運航が可能になった．全日空（以下ANA）は1958年に日本ヘリコプター輸送と極東航空が合併して設立された．

　1960年代になるとジェット旅客機が徐々に数を増やし，長距離高速輸送の手段としてその地位を確立していった．1964年4月に，観光目的でパスポートを自由に取得できるようになったことや，その後1970年代にはワイドボディ機の就航で高速大量輸送が実現し，航空旅行の大衆化と航空機による海外渡航の一般化が進んだ．

　今日では，既存の航空会社であるレガシーキャリア（Legacy Carrier＝フルサービスエアライン（FSA））に対し，LCC（ローコストキャリア：Low Cost Carrier）が登場し，効率的な運営により低価格の運賃で運航サービスを提供するようになった．

　国土交通省の空港一覧によると，日本国内には現在（2019年10月），拠点空港が28カ所，地方管理空港が54カ所，その他の空港7カ所，共用空港8カ所あり，多くの空港で定期旅客便が運航されている．

　日本国内では観光で航空機を利用する選択肢や機会が増え，観光媒体としての役割がますます高まってきている．

## 3.2.1　航空会社のさまざまな施策と動き

ICAO（International Civil Aviation Organization）の統計によると，世界の年間あ

たりの民間航空輸送実績（定期旅客）は1950年の273億旅客キロから，2000年には3兆178億旅客キロ，さらに2018年には7兆6994億旅客キロに増大した．

　一方で，日本の国内輸送で見れば，高速鉄道の整備によって旅客獲得の面で競合関係になることもあり，消滅したり，便数の減少，機材の小型化などが進んだ路線もある．

　国際輸送の点では，日本の島嶼国であるという地理的条件がために，さらに航空輸送は重要な役割を担っている．法務省の「出入国管理統計」によると，2018年度の日本人の海外旅行者総数1895万人（前掲）の内，1877万人が空港からの出国であり，また，外国人旅行者総数3010万人の内，2932万人が空港からの入国者である．今後もこの傾向は変わらないものと考えられる．

　なお，航空各社間の競争，国際間競争が激化する中で，さまざまな取り組みをすることで，運航の効率化や，顧客の確保を目指している．

　以下に実際に行われているさまざまな施策について取り上げ説明する．

### 3. 2. 1. 1　航空アライアンスとコードシェア・共同事業

　航空会社は，①コードシェア便の活用などを含めたネットワーク拡充，②共通ターミナルの使用による利便性向上，③FFP提携による競争力向上，④ 空港ラウンジなどの施設の共同確保，⑤機内サービス用品，航空燃料などの共同購入によるコスト削減などを目的に航空会社間で航空アライアンスを組織している．

　三大アライアンスと呼ばれる「スターアライアンス」，「ワンワールド」，「スカイチーム」がある．日本の航空会社ではJALがワンワールド，ANAがスターアライアンスに加入している．

　また，アライアンスの枠を超えたコードシェアも盛んに行われるようになり，さらには，共同事業（ジョイントベンチャー）と呼ばれる提携形態がある．これは，複数の航空会社がコードシェア便の運航，共同運賃の設定，共同マーケティング，共同サービスを提供することで，利用者にとっても共通の運賃で渡航できる，マイルが同等の加算率で加算される，乗り継ぎが便利になる，ラウンジのサービスを受けることができるなどのメリットをもたらす．

### 3. 2. 1. 2　FFP（Frequent Flyer Programmes）

　FFPは，マイレージプログラムとも呼ばれる．会員制で，常連の顧客に，利

用搭乗距離に応じて無料航空券やアップグレードなどの特典を提供するサービスである．

　JALはJALマイレージバンク，ANAはANAマイレージクラブを組織化し運営している．会員には上記の特典の他，搭乗距離などに応じたステイタスが与えられ，ステイタスに応じた特典が付与されるとともに，航空アライアンスのステイタスが付与されることも多く，同一アライアンス加盟航空会社で通用する，幅広い特典をご利用することも出来る．

　これらは，航空会社にとっては顧客の囲い込みを目的にするが，乗客からすると航空会社から多くの便宜が提供されるため満足度が高い．

### 3.2.2　観光者の航空機利用

　LCCの登場によって観光者にとって航空機はより身近なものになった．

　2018年度航空旅客動態調査（国土交通省）によると，国内線利用者で平日32.4％，休日48.1％，また2019年度国際航空旅客動態調査（国土交通省）によると，国際線利用者の旅行目的の54.9％が観光・レジャーである．

　また，JTB総研の「LCC利用者の意識と行動調査 2017」によると，LCC利用者の78.9％が観光目的であることがわかる．

　元来，航空機利用では，観光目的のものがかなりの割合を占めてきたが，国内線においては，LCCが登場したことで，さらに大きく観光需要が伸びたことが想定できる．国際線，特に近距離国際線においても同様な現象が起きているものと考えられる．

　このように現状において，航空機需要は大きく観光に依存しており，観光客の取り込みは重要な課題である．

### 3.2.3　航空会社の観光客向け施策

　航空各社にとって，如何に観光者を取り込むかということは重大な課題である．そのためツアー情報や就航先の現地観光情報の提供，観光者を主な対象とする料金設定などさまざまな施策を行っている．

　航空会社のHPにも観光者に搭乗してもらうための工夫がされており，重要な顧客であるかということがよくわかる．

　JALやANAのHPでは，「国内ツアー」「海外ツアー」といったツアー情報にトップページから直接アクセスできる．

　また，JALは「OnTrip JAL」というWebマガジンから「旅の楽しみ方，旅先でも便利なアイデア」などを提供し，ANAは「Travel & Life」で観光関連の情報を集約している．いずれも観光者向けの情報掲載のウェイトが多いことが特徴である．

　また，各社トップページにあるメインビジュアル（キービジュアル）のスライドショーにも観光情報が掲載されることが多い．

　さらには鉄道会社同様，バーチャルな旅倶楽部を持つ．例えばJALでは，「JALマイレージバンク旅プラス」を組織化し，海外ツアー参加時にマイルをプラスしたり，会員限定のおトクな旅や，特別企画の旅を案内したり，会員限定のWebページ（旅多彩）に様々テーマ（世界遺産，歴史探訪，季節を楽しむ他）のツアーの紹介を行うなどしている．

## 3.2.4　航空券の料金体系と観光客向け特別料金

### 3.2.4.1　国内線の料金体系

　JALの国内線を例に説明する．普通料金では競合する新幹線と比べ割高であるが，事前購入によって安くなる運賃が設定されているなど，きわめて多様な運賃が設定されている．

　先得割引には，ウルトラ先得，スーパー先得，先得割引タイプA・Bがあり，それぞれ75日，55日，45日，28日前までの予約で購入できる．また，特定の便に設定される特便割引21は，21日前までの予約で，特便割引7は7日前まで，特便割引3・1は，3日前・前日の購入でも割り引かれる．それぞれの料金には適用路線，販売席数制限，予約変更ができない，キャンセル料金が割高などの制約があるものの，お得に購入できる．例えば，大阪伊丹―東京羽田便の普通運賃は2万6200円であるが，特便割引で9400円〜1万7400円，ウルトラ先割では，さらに安価に設定されている（料金については，2019年10月現在）．

### 3.2.4.2　国際線の料金体系

　正規航空券（ノーマル航空券）と，航空会社の正式割引運賃である「PEX航空券」，「個人包括旅行運賃」などがある．

　正規航空券は，すべての航空券の基本になる航空券．時期，季節による料金の変動はなく，どこで購入しても金額は同じである．

　国際線航空券で現在最も多く使われているのが「PEX航空券」である．PEX航空券には，IATA PEX運賃，IATA PEX運賃をさらに割り引いて各航空会社が独自に料金や条件を設定できるゾーンPEX運賃がある．ゾーンPEXのなかでも，予約期限・購入期限を設定し，事前購入型としてさらに値段を抑えたものがADVANCE PEX（A PEX）運賃である．航空会社でも旅行会社でも購入でき，料金体系，変更や取消規定も明確で分かりやすい．

　その他に，「個人包括旅行運賃」がある．これはパッケージツアー造成用などの運賃として利用することが建て前で，旅行会社において，現地ホテル2泊以上及び何らかの地上手配を加えて販売することとされている．この航空券を個人に販売しているものを格安航空券というが，最近ではPEX運賃との金額差がなくなってきている．

### 3. 2. 4. 3　観光者向けの運賃

　先に述べた，「個人包括旅行運賃」はツアー造成用運賃であるため，基本的には観光客向けの運賃であると言える．

　しかし，基本的には，この運賃は個人の観光者が購入できるものではない．そこで個人の観光者向けに，例えばANAでは，「旅割」運賃が設定されている（国内線）．また，宿泊と同時予約することで割安な航空券を入手できる「旅作」がある（国内線，国際線）．これらは，ビジネス客が使えないわけではないが，主要なターゲットは観光客である．

## 3. 3　船　　　　舶（客船）

　国際定期旅客航路などの長距離移動は，航空機の登場によって，旅客輸送の需要は激減し，その役割をほぼ終えた感がある．

　また，国内においても，連絡橋や海底トンネルの完成によって航路の多くが廃止され，観光媒体としての役割は著しく低下した．

　それに代わり登場したのがクルーズ船である．クルーズ船は，観光地の遊覧船と共に観光資源として，今日では重要な位置を占めるまでになった．

　ここでは，客船の歴史を振り返り，また現状を把握すると共に，観光資源としクルーズ船の状況について概観することにする．

### 3.3.1　外洋定期旅客航路からの撤退と現状

　1960年代以降にジェット旅客機が主要航空路線に登場し，高速大量輸送が実現し，航空機による海外渡航が一般化したため，世界的に国際定期航路の旅客輸送需要は激減した．

　こうした中，シアトル航路に就航していた日本郵船の大型船「氷川丸」は，1960年に，商船三井客船は，「さんとす丸」，「ぶらじる丸」，「あるぜんちな丸」，「さくら丸」の四隻で，南米航路と日本－香港－日本－北米間の二つの定期航路を営業していたが，1972年の南米航路を最後に定期客船航路から撤退した．

　2019年現在，日本を発着する国際定期旅客航路は，釜山（下関・博多・大阪・対馬発），上海（神戸・大阪発）とウラジオストック（境港発）を残すのみである（稚内―コルサコフ航路は休止中）．

### 3.3.2　日本の旅客船・フェリーの概況

　島嶼国である日本おいて，客船は人々の生活，観光などの移動に欠かすことのできない存在であった．こうした状況に大きな変化をもたらしたのが新幹線をはじめとする鉄道の高速化，連絡橋や海底トンネルによる道路や鉄道の敷設である．特に象徴的なのは，青函トンネルや本州四国連絡橋による道路・鉄道ルートの新設である．その結果，青函連絡船や瀬戸内海の多くの連絡船が姿を消し，あるいは規模の縮小を余儀なくされた．

　「フェリー・旅客船ガイド2016年秋季号」によると，日本で運航されている航路は，長距離・幹線航路は現在20航路（すべてフェリー），中短距離航路は全国で268航路である．最も多いのが瀬戸内海航路であるが，客船の他，フェリー，貨客船での運航もある．

　また純粋な観光資源でもある遊覧船は，全国182航路で運航されている．

### 3.3.3　クルーズ船の時代

　クルーズは単なる移動手段ではなく，周遊型の船旅を行いながら，乗船体験

自体を楽しむとともに，寄港地の周辺の都市や観光地などエクスカーション（小旅行，観光）で回るものである．

クルーズ船にはサービスレベルによるいくつかのカテゴリーがあり，一般的には，カジュアル／スタンダード船，プレミアム船，ラグジュアリー船の3種類に分類される．

また周遊範囲によって世界一周クルーズ，地中海・エーゲ海クルーズ，カリブ海クルーズなどから国内クルーズに至るまでさまざまなクルーズが展開されている．

海外のクルーズ会社では，カーニバルクルーズライン（アメリカ），コスタ・クルーズ（イタリア），MSCクルーズ（イタリア），ロイヤル・カリビアン・インターナショナル（アメリカ），ジャンクルーズ（ノルウェー）などが有名である．

なお，現在日本で登録されているクルーズ船は，郵船クルーズの「飛鳥Ⅱ」，商船三井客船の「にっぽん丸」，日本クルーズ客船の「ぱしふぃっくびいなす」の3隻である．

国土交通省の「2018年の我が国のクルーズ等の動向（調査結果）について」によると，2018年の日本人のクルーズ人口は32.1万人で，過去最多を更新し，日本港湾へのクルーズ船の寄港回数は，外国船社運航のクルーズ船が1913回，日本船社運航のクルーズ船が1017回となり，合計は過去最多の2930回（前年比6.0%増）であった．訪日クルーズ旅客数はやや減少し前年比3.1%減の245.1万人であったものの依然として高い水準にある．

外航クルーズの目的は，かつてはセミナーや交流が一定の割合を占めていたが，今日ではほぼ100%がレジャーである．


### 3. 3. 4　リバークルーズ

リバークルーズは，特にヨーロッパで多くみられ，ライン川，ドナウ川，マイン川，モーゼル川，セーヌ川，ローヌ川，ドロウ川などで実施されている．

リバークルーズは，文字通り川を行くツアーであるが，川を数日かけて航行し，川沿いに発展した歴史ある街々をエクスカーションで回ることが多い．

## おわりに

　以上概観してきたように，鉄道，航空機，客船はいずれも観光者を輸送するという観光媒体として大きな役割を果たしてきた．

　また，今日の鉄道には観光媒体としての役割と観光資源としての存在がある．鉄道が観光客を輸送するという第一義的な機能は，今後も観光に重要な要素であることは変わりなく，鉄道会社も観光客を鉄道に誘導するためのさまざまな取り組みを行っている．一方で，観光列車，さらには列車に乗ることが主目的化していると思われる事例や，世界遺産（文化遺産）に登録されているものまで，さまざまなレベルで，鉄道やそこで運行されている列車が観光資源化している事例を紹介した．日本国内に注目すれば特にクルーズ列車の登場はこの傾向を加速したといえる．

　航空機は，国内の短距離輸送では，新幹線網や高速道路の整備によって一部撤退も余儀なくされたが，今も中長距離輸送では観光媒体として重要な役割を果たしている．国際輸送では島嶼国であるということもあり航空機輸送に大きく頼っている．さらにLCCという新たな形態の航空会社の出現が，あらたな観光需要を呼び起こしたことも注目に値する．

　一方，ジェット旅客機の登場以降，観光の国際長距離移動の手段としての客船の役割はほぼ終わったと考えられる．国内的にも小規模な高速艇を除けば，その多くがフェリーで運行されており，純粋な客船は少ない．これに代って現在の主役となっているのがクルーズ船である．これらは観光資源としての役割を今後もさらに高めるものと考えられる．

　また，いずれの輸送機関にとっても観光者の利用を促進することが重要な課題であることに違いはなく，そのためのさまざまな施策が行われている．人口減少が本格的になってきた日本にとっては特に重要な意味を持ち，輸送機関にとって観光の重要性は，今後もさらに増すことが予想される．

**参考文献**
老川慶喜（2017）『鉄道と観光の近現代史』河出書房新書．

国土交通省（2018）「2018年の我が国のクルーズ等の動向（調査結果）」〈https://www.mlit.
　　go.jp/common/001295678.pdf〉.

国土交通省（2018）「航空旅客動態調査」〈http://www.mlit.go.jp/koku/koku_tk 6 _000001.
　　html〉.

国土交通省（2018）「鉄道輸送統計調査月報」e-Stat（政府統計の総合窓口〈https://www.
　　e-stat.go.jp/stat-search/files?page= 1 &toukei=00600350&kikan=00600&tst
　　at=000001011026〉.

国土交通省「空港一覧」〈https://www.mlit.go.jp/koku/15_bf_000310.html〉.

国土交通省海事局内航課監修（2016）『2016年秋季号　フェリー・旅客船ガイド――運賃・
　　時刻表――』日刊海事通信.

国土交通省鉄道局監修（2018）『鉄道要覧　平成30年度版』電気車研究会・鉄道図書刊行会.

シヴェルブシュ，ヴォルフガング著（2011）『鉄道旅行の歴史〈新装版〉――19世紀におけ
　　る空間と時間の工業化――』加藤二郎翻訳　法政大学出版局.

JTB総研（2017）「LCC利用者の意識と行動調査　2017」〈https://www.tourism.jp/tourism-
　　database/survey/2017/08/lcc-research-2017/〉.

谷口知司・福井弘幸編著『これからの観光を考える』晃洋書房，2017.

日本航空協会（2018）『航空統計要覧　2018年度版』財団法人日本航空協会.

法務省（2018）「出入国管理統計　2018年度」〈http://www.moj.go.jp/housei/toukei/toukei_
　　ichiran_nyukan.html〉.

前田勇編著（2018）『新現代観光総論　第 2 版』学文社.

柳田国男（1932）『秋風帖』創元社.

柳田国男（1967）『明治大正史　世相篇』東洋文庫.

UNWTO（国連世界観光機関）（2018）『Tourism Highlights 2018 Edition　日本語版』
　　UNWTO.

ICAO（国際民間航空機関）HP〈https://www.icao.int〉.

飛鳥クルーズ（郵政クルーズ）HP〈www.asukacruise.co.jp〉.

近畿日本鉄道HP〈www.kintetsu.co.jp〉.

国土交通省HP〈www.mlit.go.jp〉.

国連世界観光機関（UNWTO）駐日事務所HP〈unwto-ap.org/〉.

JR九州HP〈www.jrkyushu.co.jp〉.

JR東海HP〈www.jr-central.co.jp〉.

JR西日本HP〈www.westjr.co.jp〉.

JR東日本HP〈www.jreast.co.jp〉.

JTB総研HP〈www.tourism.jp〉.

全日空HP〈www.ana.co.jp〉.

東武鉄道HP〈www.tobu.co.jp〉.

にっぽん丸（商船三井客船）HP〈www.nipponmaru.jp〉.

日本航空HP〈www.jal.co.jp〉.

びいなすクルーズ（日本クルーズ客船）HP〈www.venus-cruise.co.jp〉.

ユーレールパスHP〈https://www.eurail.com/jp/〉.

# 第4章　宿泊業と観光

## は じ め に

　観光は世界的に成長する経済部門である[1]．日本においては「観光立国推進基本法」（2007年1月施行）の目的として「二十一世紀の我が国経済発展のために観光立国を実現することが極めて重要である」と明記する．

　一般的に顧客が「宿泊業（本章では旅館業法におけるホテル・旅館・簡易宿舎を以下，宿泊業とする）」に求める機能は宿泊，つまり「寝所」＝睡眠の場所である．その上に宿泊業の発展には，この機能に加え顧客のニーズやウォンツを満足させるサービス創造が必要である．そして宿泊による滞在時間の増加で，新たな消費や新しいサービスの出現といった好循環を生み，経済効果が期待できる．だが，かつて日本の温泉旅館が宿泊客を囲い込み，旅館内での食事はもとよりカラオケやスナックを館内に作り館外で消費させない経営戦略を取ってきたため地域においての経済効果が限定的となり，温泉地全体の魅力が低下して宿泊客が減った事例もある．一方では，秘境における宿泊施設が地域に根ざした新たな観光の客体となり経済効果が期待されるが，地域に食事施設の選択肢がないため持続性に課題がある．利用客が宿泊業に求めるのは寝所のみならず，観光の客体として宿泊業の可能性を考察する必要があるのではないだろうか．

　本章では，まず日本の「宿泊業」を概観する．そして，観光立国日本における宿泊業の発展・分化を考察する．

# 4. 1 宿泊業の分類

### 4. 1. 1 「旅館業法」「国際観光ホテル整備法」における分類

2018年3月時点で，ホテルは1万402軒（90万7500客室），旅館は3万8622軒（68万8342客室）である（厚生労働省「衛生行政報告例」）．ホテル数の増加に対し旅館は大幅に減少する．2009年に客室数ではホテルが旅館を追い抜き，その差は広がるばかりだ．

日本の宿泊業界を取り締まる法に1948年に制定された「旅館業法」がある．ここでの旅館業とは「宿泊料を受けて人を宿泊させる営業」と定義され，種別としてホテル営業・旅館営業・簡易宿所営業・下宿営業の4種がある．法の目的に「公衆衛生及び国民生活の向上に寄与することを目的とする」とある．稲垣（1990：215）は旅館業法を「公衆衛生の見地から，宿泊施設を取り締まることを目的とした法律」であると指摘している．翌1949年に「国際観光整備法」「国際観光事業の助成に関する法律」が制定された．この目的は戦後の訪日観光振興における宿泊業の改善と接遇向上のための法的整備が始まった．

徳江（2013：15）は「つい最近までのわが国宿泊施設は,利用客層のよって,外来客向けと国内客向けとに施設を大きく2分してきたわけであるが,このような区別は欧米諸国には見られないものである」と指摘している．ホテル営業と旅館営業は，外国人客向け施設＝ホテル，国内客向け施設＝旅館として分化・発展してきた．

「旅館業法」ではホテル・旅館を,2018年の改正まで次のように定義していた．

①ホテル営業

　洋式の構造及び設備を主とする施設を設け，宿泊料を受けて，人を宿泊させる営業で，簡易宿所営業及び下宿営業以外のものをいう．

②旅館営業

　和式の構造及び設備を主とする施設を設けてする営業である．いわゆる駅前旅館，温泉旅館，観光旅館の他，割烹旅館が含まれる．民宿も該当することがある．

2018年「改正旅館業法」施行により,従来の「ホテル営業」及び「旅館営業」

は「旅館・ホテル営業」として一本化された.

なお，簡易宿所営業は旅館業法では次のように定義している.

宿泊する場所を多数人で共用する構造及び設備を設けてする営業である．例えばベッドハウス，山小屋，スキー小屋，ユースホステルの他カプセルホテルが該当する.

“簡易”という言葉から，旅館・ホテルに比べると設備面が劣るような印象を与えるが，後述する「茅葺民家」における簡易宿所営業のようにラグジュアリー感あふれる宿泊設備の事例など新しい宿泊業の発展がみられる.

### 4.1.2 「国際観光ホテル整備法」での分類

国際観光ホテル整備法でのホテル基準客室・旅館基準客室には次に掲げる要件を備える必要がある.

（1）ホテル基準客室

①洋式の構造及び設備をもって造られていること

②床面積が，通常1人で使用する客室については9平方メートル以上，その他の客室については13平方メートル以上あること.

③適当な採光のできる開口部があること.

④浴室又はシャワー室及び便所があること.

⑤冷水及び温水を出すことのできる洗面設備があること.

⑥入口に施錠設備があること.

⑦電話があること.

（2）旅館基準客室

①客室全体が，日本間として調和のとれたものであること.

②畳敷きの室があり，当該室の床面積が，通常1人で使用する客室については7平方メートル以上，その他の客室については9.3平方メートル以上あること.

③適当な採光のできる開口部があること.

④冷房設備及び暖房設備があること．ただし，季節的に営業するため，又は当該地域が冷涼若しくは温暖であるため，その必要がないと認められる旅

館については，この限りでない．

⑤洗面設備があること．

⑥入口に施錠設備があること．

⑦電話があること．

　旅館基準客室に対してはホテルにある④浴室又はシャワー室及び便所と，⑤冷水及び温水を出すことのできる洗面設備を全室に設備することを求めていない．

# 4.2　ホテル経営

　日本初のホテルについては諸説あるが，[2)] 横浜市中区山下町に「ホテル発祥の地」碑が建てられている．『日本ホテル協会創設100年史』によると，1860年「日本最初のホテルとされる横浜ホテルが先の地で産声を上げた」（日本ホテル協会 2009：4）とする．

　「西欧に遅れること約20年でホテルが導入されたが，その目的は外国人の宿泊と接待・社交の場を作るという迎賓館の発想であった」（大野 2015：21）．

　その後近代産業として発展し，第二次世界大戦をはさみ「戦後のホテル業の

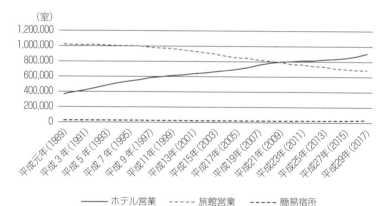

（出所）政府統計の総合窓口「平成30年度　衛生行政報告例」興行場・旅館業・公衆浴場・理容－美容所・クリーニング業数，年次別より筆者作成．〈https://www.e-stat.go.jp/〉2019年12月5日取得．

**図4-1　ホテル・旅館・簡易宿所の部屋数推移**

## 表 4 - 1　宿泊業に関係する主な出来事

| | 宿泊業に関係する出来事 | 主な出来事 |
|---|---|---|
| 1860年 | 日本で最初のホテルが開業 | |
| 1863年 | 「横浜クラブ」開業 | |
| | 「江戸長崎屋」 | |
| 1867年 | | 大政奉還 |
| 1867年 | 築地に「ホテル館」創業 | |
| 1948年 | 「旅館業法」 | |
| 1949年 | 「国際観光ホテル整備法」 | |
| 1989年 | | 昭和天皇崩御 |
| 1991年 | | 湾岸戦争 |
| 1995年 | 「MICE」が命名される | 阪神・淡路大震災 |
| 2001年 | | 米国同時多発テロ |
| 2003年 | | イラク戦争 |
| 2005年 | | 鳥インフルエンザ |
| 2008年 | | リーマンショック |
| 2009年 | ホテルが客室数で旅館を初めて抜く | |
| 2010年 | 「Japan MICE Year」（MICE元年） | |
| 2013年 | | 日本再興戦略 |
| 2015年 | 明日の日本を支える観光ビジョン構想会議 | |
| 2016年 | 国家戦略特別区域外国人滞在施設経営事業に関する条例（特区民泊） | |

（出所）　筆者作成.

　発展は1964年の東京オリンピックと1970年の日本万国博覧会（大阪万博）とい
う 2 つの国家イベントを契機としたグランドホテルタイプ（都市の迎賓館）のホ
テルから始まった」（大野 2015：23）のちに高度成長期・バブル経済を経験した.
　その後，都市部のホテルは都市観光やビジネス客の需要で増加する一方，地
方の旅館は団体旅行の減少などから廃業が続き，2009年度末時点でホテルの客
室数79万8070に対し，旅館は79万1907となりホテルの客室数が旅館を追い抜い
た（『日本経済新聞』2010年11月19日付）. 2018年度はホテル90万7500客室に対し，
旅館は68万8342客室となりその差は広がっている.

### 4.2.1 宿泊主体型ホテル

「従来，日本のホテルは一般宴会や婚礼で売上高を大きく伸ばしてきた．しかし，バブル経済の崩壊による宴会需要の減退や婚礼獲得競争の激化などで，宴会場を保有することが負担になってきた．そこで，宿泊重視のホテルに切り替えることで，安定経営を図ったのである．その裏には，人員を抑えられ，利益率が高いと言われる宿泊部門に業務が集中できるという利点も流行の一つの要因として」（日本ホテル協会 2009：264）考えられる．

徳江（2013：6）は「近年のわが国におけるホテルに関係する成長企業としては，「東横イン」，「APAホテル」，「ヴィラフォンテーヌ」といった，料飲施設を持たないか，あってもごく簡単なもののみ，あるいは料飲のテナントを入居させ自社ではリスクを負わないような方向性を採り，宿泊に特化した施設を展開するものが多くなっている」と指摘している．

だがレビット（2014：233）が「需要の拡大する成長企業では，マーケティングや顧客を重視しない傾向がある」と指摘するように経営効率から寝所提供だけするホテルならばコモディティ化し，代替施設があらわれ価格競争に陥る．そこで宿泊主体型ホテルは経営効率による低価格が支持されるだけではなく，顧客のニーズやウォンツを満足させるサービス創造が必要ではないだろうか．現に宿泊に特化したホテルでも最近は朝食サービスに力を入れているところが増えてきた．さらに国内法人需要向けが中心であった都市部の宿泊主体型ホテルも，最近は訪日外国人旅行者の需要も拡大していてマーケットが拡大している．

### 4.2.2 外資系ホテル

外資系とは①外国投資家が株式又は持分の3分の1超を所有している企業，②外国投資家が株式又は持分の3分の1超を所有している国内法人が出資する企業であって，外国投資家の直接出資比率及び間接出資比率の合計が，当該企業の株式又は持分の3分の1超となる企業，③上記①，②いずれの場合も，外国側筆頭出資者の出資比率が10％以上である企業と定義される（経済産業省外資系企業動向調査）．

ホテルは「所有」「経営」「運営」が分離されているケースが多いが，外資系

ホテルとして一般的にイメージされているホテルでも日本企業が所有し，運営を外国ホテルチェーンが行っているところもある．あるいはブランド名（看板）だけが外国ホテルチェーンで人事やマーケティングなどの主要な運営を日本企業が行っているホテルもある．外国ホテルブランド名は訪日外国人旅行者にとってブランド力，予約の利便性で有効であるが，日本のホテルとして歴史や伝統を持っているにもかかわらず，外国ホテルチェーン名を付けなければ国際化を図ることができないホテルも少なからずある．

　奈良県は2018年の宿泊者数が47都道府県で徳島県に次ぎワースト2位であった．「県は懸命に外資系ホテルの誘致活動をしてきたが「参考になる外資系がないので，投資判断ができない」との理由で断られる悪循環が続いた（『日本経済新聞』2016年9月21日）」とする．

## 4.2.3　宿泊部門と料飲部門

　鶴田（2009：8）は「ホテルは宿泊部門と料飲部門（レストラン・宴会・ウェディング等）で集客対象が違います．宿泊部門は観光旅行を始めとする他地域からの訪問客を，料飲部門は地元の顧客を対象としています」と指摘しているように，宿泊のみならず料飲のマーケティングや使用価値から利用者をセグメントしている．徳江（2013：49-50）「この分類・整理を行なうとき，米英などの国々ではホテルを，①宿泊機能に加え，レストランや宴会場を付帯し，料飲機能を充実させた「フル・サービス型ホテル（full-service hotel）」と，②料飲機能をほとんどもたず，宿泊機能に特化した「リミテッド・サービス型ホテル（limited-service hotel）」に大別することがある」と指摘している．

　都市部ホテルのように周辺に飲食店がある場合と地方の何もない立地条件では料飲機能に求められるものが違ってくる．

## 4.2.4　ホテルの機能（帝国ホテルの事例）

　帝国ホテル「有価証券報告書（2019年6月27日）」では「ホテル事業」として，「客室」，「食堂」，「宴会」，「委託食堂」を挙げそれぞれの業績を評価している．それぞれの実績は客室27万9045室，食堂144万4514名，宴会68万3749名である．宿泊部門（「客室」）と非宿泊部門（「食堂」・「宴会」）を比べると，同ホテルの業績

を宿泊のみならず非宿泊部門も負っているのがわかる.

　ここで宴会という名称について触れておきたい. 新井 (2014：161) は「筆者は日本のホテルで一般的に使っている「バンケットルーム」や「ボールルーム」という呼び方に違和感を持っている. MICEの世界では, パーティが付随するケースは多いのだが, 主目的は会議 (ミーティング) である. そう考えると, 呼び方としては「ファンクションルーム」のほうが相応しいだろう」と指摘している.

### 4.2.5　ホテルの流通チャネル

　コトラーは「流通チャネルとは, 独立した複数の組織からなり, 消費者や組織購買者への製品あるいはサービスの提供活動に携わる集団である」(コトラーほか 2003：161) と定義している.「たとえばリッツ・カールトンは, 旅行代理店をマーケティング・チャネルとして積極的に開拓し, そこから大量の顧客を獲得している」(コトラーほか 2003：387) と指摘する.

　日本の場合, 多くのホテルは旅行会社に客室を事前に提供し, 旅行会社側で管理し販売する. その際両社で定めたラック・レートに対して旅行会社へ手数料を払う.「東日本大震災の影響で旅行のキャンセルが相次いだことを契機に, 既存旅行会社に依存する売り方を見つめ直す宿泊施設も増え始めた」(『産経BIZ』2011年9月23日) のである. 一般的にホテルの手数料率は旅館より低く, かつ提供客室数も少ない.

　団体旅行が減少し従来の旅行会社による集客が減少する中, 代わりに存在感が増すのはインターネットを通じた販売 (以下ネット販売) を主な業務とする旅行会社である. 1997年に誕生した「楽天トラベル」などである. それまでは電話やファックスによって行われたホテルや旅館の宿泊予約を, インターネット上のサイトから即時予約を可能にするサービスを始めた. 同社のホームページではインターネットというツールを利用することにより, 客室を販売できるシステムと顧客が集まる場を提供するビジネスモデルであり, ホテルが直接集客できる能動的な状態を作り出したとする. このようなインターネットのみを取引に使う旅行会社＝OTA (Online Travel Agent) の登場や, 宿泊業者が自社サイトを充実させ直接予約ができるようになったので, 旅行会社の流通チャネルは

変革期を迎えている.

### 4.2.6　宴会営業

　ホテルは宴会については自社営業を優先とし，客室の販売手数料を払う大手旅行会社に対しても宴会の手数料を払うことはない. 大安吉日や土日などは予約が入っていなくても「婚礼ブロック」と称して，一般宴会予約を受け付けないケースがある. このように多くのホテルが婚礼予約を優先する. しかし新たな動きとして「今後は少子化，婚礼の簡素化の時代の到来が予想されることから，レストラン結婚式や葬儀の受注に力を入れ始めているところ」（谷口 2010：83）や，「ブライダルが低迷するホテルなどの宿泊業界では，それを補完するビジネスの一つとしてMICEを戦略的に取り込むことは必要不可欠である」（浅井 2014：216）などの指摘があるように，以前に比べると柔軟に対応するようになってきた.

　宴会場などの施設をもつホテルはMICE開催において，宿泊・会議の場所の提供のみならず①開催前においては誘致プロモーションおよび広報，②開催中においては外交および文化発信，③開催後においては顧客管理なども行ない，MICE需要を獲得しようと努力するホテルもある.

## 4.3　旅 館 経 営

### 4.3.1　旅館の歴史

　「「旅館」の歴史の源は，限りなく古い太古の時代まで遡及すべきであろうが，一般的に宿泊業として「旅館」の形ができあがったのは，江戸時代であろう」（長谷 1999：192）.

　「西欧と異なり我が国では近世（江戸時代）でも身分制度が存続したため宿駅制度が継続し，宿場町の旅籠や本陣は武士や公家等の公用旅行者の宿泊引き受け義務を負っており，自由営業ではなかった」（大野 2015：19）.

　「明治維新により宿駅制度は廃止され，身分制度の崩壊と旅行の自由化，そして鉄道が開通したことにより旧街道の宿場町と旅籠・本陣は衰退した. 代わって発達したのが鉄道駅周辺に発達した旅館である. （中略）このような新しい価

値を獲得したことで，明治から大正に入ると旅館という業種名が一般化し，不明朗であった料金体系も昭和初期には一泊二食料金という体系が定着した」（大野 2015：22）．

　「旅館のおもてなしにおいて，第一印象が最も大切であるので，女将をはじめ，仲居などの接客係，フロント係が総出でお出迎えをする」（松田 2018：13）などの女将や仲居の存在．畳敷きの客室や大浴場，そして室料ではなく1人当たり宿泊料（一泊二食付き）などが旅館の特徴としてあげられる．このように和式の構造・設備といったハード面に加え，旅館独特のサービス体系が一般化した．

　「サービス面では女将を中心に仲居，接客係が主に担当する．客室係（仲居，接待，客室係などと言う）はお出迎えから食事のお世話，後片付けを行う．朝になれば朝食の提供，後かたづけ，お見送りまでを担当する」（井村 2009：218）．といったサービス，いわゆる「おもてなし」が特徴である．

　加賀屋（石川県）がはじめて海外進出した「日勝生加賀屋（台湾）」が現地で仲居を募集する際，どう翻訳するかが議論された．ふさわしい言葉が無く，バトラーを意味する「管家」を使って募集したという．ラグジュアリーホテルでバトラーサービスを特徴とするセントレジスホテルは「セントレジスバトラーサービスは，100年以上もの間，セントレジスのお客様に大切にお届けし続けてきたサービスです」としていることから，日本の仲居の価値について再評価されるべきではないだろうか．旅館の機能は世界水準からすれば最高級のサービスを提供している．

### 4.3.2　旅館の現状

　「社員旅行が減少し，団体客が無くなった．……（中略）旅館の多くは団体客を前提に4〜6人用の客室や大宴会場を備えるが，社員旅行などの低迷と個人旅行の増加が直撃．近年は訪日外国人向けに温泉旅館の人気が高いが，実際に対応できる施設は限られる．小規模な家族経営が多く，後継者難のほか，バブル期の投資を回収できずに廃業する施設も少なくない」（『日本経済新聞』2010年11月19日）．

　1989年昭和天皇崩御，1991年に起こった湾岸戦争．そしてバブル崩壊．社員旅行は減少へ転じる．さらに1995年の阪神・淡路大震災があった．その後，

2001年アメリカで起きた同時多発テロ事件．2003年にイラク戦争が勃発．そしてSARS（重症急性呼吸器症候群）の流行．旅行減少の外的要因は2005年鳥インフルエンザと続く．バブル崩壊からの景気停滞，その回復をする間もなく2008年のリーマンショックによる世界不況は日本経済を襲い，さらに2011年東日本大震災により宿泊業の倒産件数が倍増した．震災後の自粛ムードや訪日外国人の急減で宿泊客が減ったことが響いたためで，倒産件数が「平成時代になって以降，最多だった2008年の145件を迫る勢い」（『読売新聞』2011年9月16日）だと伝える．

　「旅館市場規模の推移『レジャー白書　2019』（公益法人日本生産性本部）」によると，「旅館は落ち込みが続いているが，訪日客増の影響で下げ止まりつつある」とする．

# 4.4　新しい宿泊業

### 4.4.1　ビジネスとレジャー

　UNWTO（国連世界観光機関）の観光客の定義[5]は次のとおりである．

　「tourist（観光客）とは，個人が普段生活している環境，訪問地における雇用を除く，一年未満のビジネス，レジャー及びその他あらゆる目的で訪問地を一泊以上滞在した者をtourist（overnightvisitor）とする」．

　だがビジネスとレジャーではtourist（観光客）が宿泊業に求めるものは違う．ゆえに顧客の用途に応じてビジネス・レジャーの分類をし，それぞれのマーケティングが必要で，そこから顧客の使用価値（value in use）を検討する必要がある．

　ビジネス客は①出張先に宿泊機能を求める場合と②宿泊するホテルで会議がおこなえる施設を求める場合がある．企業や組織では規程で宿泊代に上限が設けられていることが一般的で，予算内でホテルを選択する傾向がある．MICEなどで利用される場合，大型の会議では「コンベンション・レート」[6]がある．供給量（受け入れ可能客室）に対して需要量が増えるため均衡価格（宿泊料金）が高く設定される．いずれにしても，ビジネス客のホテル選択の優先順位としては立地条件で，次に宿泊代である．

　一方でMICEやインバウンド・ビジネス客は消費額が高いとされ，さらに再来訪が期待される．

　レジャー客は立地条件・宿泊料金はもちろん，宿泊自体が観光の目的となることがある．ビジネス客はホテルに日常を求める一方レジャー客はホテルに非日常を求めるといっても良いだろう．

### 4.4.2 MICE

　日本はインバウンド施策の1つとしてMICE戦略を立てている．これは主にインバウンドのビジネス客をマーケットにした戦略である．2010年を「Japan MICE Year」（MICE元年）と定め「MICEの推進は，インバウンドの旅行者の数を将来的に3000万人とする「訪日外国人3000万人プログラム」の一環として行われており，さらなるインバウンド増加への貢献を目的」とする（2010年4月28日付観光庁プレスリリース）．

　2013年に閣議決定された「日本再興戦略」において「2030年にはアジアNO.1の国際会議開催国として不動の位置を築く」と目標を定め，観光立国実現の柱としてMICEが位置づけられた．

　また2013年5月観光庁が実施した「MICE国際競争力強化委員会第3回企画小委員会」で「MICE分野の民間事業者の動向と課題」が議論された．その中で「MICEに関する各種民間事業者の中で，ホテルは最大のステークホルダーの一つ」であるが「海外に比べて，我が国のホテル業界関係者はMICE開催に対する問題意識が一般に弱く，一層の取組が期待される」としている．特に「グローバルチェーンと日系ホテルには大きな意識差」があるとし「日本のホテルではウェディングが大きな割合を占めるため，宴会場もウェディングが優先されるのが一般的．ホテルによっては宿泊部門と宴会部門の運営が独立であるため，宿泊と宴会の両者で利益を勘案すべきMICEの営業には不利となる（日系ホテル）」とする．①ウェディングよりMICEの利益率が高い，②ウェディング需要が縮小する，③日本のホテルはMICEへ取組みが遅れていると指摘している．

　MICE主催者が計画を最初に考えるのが開催場所である．その際，まずホテルに問い合わせをすることが少なくない．なぜなら会場と宿泊の確保は最も重

要だからだ．だが日本のホテルでは外国語が出来る従業員に業務が集中し積極的に取り組めていないのが現状で改善が求められている．

### 4. 4. 3　地方創生

MICEでは「ユニークベニュー」が求められている．ユニークベニューとは「歴史的建造物，文化施設や公的空間等で，会議・レセプションを開催することで特別感や地域特性を演出できる会場のこと」（日本政府観光局HP）である．そこで「ガラ・ディナー／gala dinner」が開催される．ガラ・ディナーとは「会期中に行われる特別な晩餐会．通常，正餐に引き続いてスピーチ，アトラクションなどが伴う．"official banquet"とも呼ばれる」（観光庁 2009：148）ものである．

一方，長い歴史を持ち日本の特徴的な施設がある旅館の宴会場は，職場旅行などの団体減少で，個人客向けレストランへの改装が急がれている．効率の良いビュッフェスタイルで食事を低料金で提供するスタイルの旅館が増え，宴会場をレストランへ改装している．浅井（2015：148）は「グループで宿泊し，宴会をするのがMICEであるならば，長い歴史を持ちそれを得意とする日本には古くから特徴的な施設がある．旅館である」として，旅館をMICE施設として利用する可能性を指摘している．さらに宴会場は団体客が会食する場所のみならず，地域住民の"ハレ"の場でもある．日本では「年に一度の祭礼や，家族の結婚などの慶事があった特別な日には，地縁・血縁のある人たちを集め，お祝いの場とし，これを「特別な非日常の日」として「ハレ」と表現し」ていた．「この非日常的な「ハレの日」を，生活や地域のなかにシステムとして組み込んできたことは，日本の地域共同体の維持安定に大きく貢献したといえる」（日本イベント産業振興協会能力・コンテンツ委員会監修2015：14）．旅館の宴会場をビュッフェスタイルのレストランへの改装ばかりではなく，活用法としてMICE利用について再考する必要があるのではないだろうか？

### 4. 4. 4　インバウンド

今日とは違いインターネットが無く情報の入手が困難であった時代に，旅館業法・国際観光ホテル整備法など法制度上の施設基準を設けることにより旅行者が宿泊施設を安心して選べるようになった．

　「宿泊施設の改善を促進するため,『旅館業法』の基準を上回る基準を設けて,それを満たした施設を,同法による「ホテル登録」,「旅館登録」として,法人税上もしくは融資上の優遇措置を講じている. この両者は通常,「政府登録ホテル」,「政府登録旅館」と呼ばれる」(稲垣 1990：65).

　しかし,政府登録ホテル・政府観光旅館は客室数や浴室・トイレの有無といった構造設備基準のみであった. それが1993年の改正にともない外客接遇主任者を選定することが義務付けられ,ソフト面にも基準が設けられるようになった.

　「この背景には,最初に定められた時代と比べて,訪日外客の層が多様化したため,施設基準を緩和して,登録対象の拡大を図ろうという狙いがあった. つまり,1949 (昭和24) 年に施行された当時は,ホテルの利用者は欧米の富裕層を想定していたが,その後,大衆化して,現状にそぐわなくなってきたからである. 多くの外国人旅行者が安心して,より安価なホテルに泊まれるようにしようというわけだ」(日本ホテル協会 2009：242).

　設備基準を緩和しても「安心して,より安価なホテルに泊まれる」めやすとしての役割があった. しかし今日では更なる整備が必要となった.

　そこで,2015年度観光庁は補正予算を使い宿泊施設インバウンド対応支援事業補助金を交付した. 訪日外国人旅行者の急増により発生している課題を解決するために次の事業に対して補助金の交付を行い,受入環境整備を行う. ①館内及び客室内のWi-Fi整備,②館内及び客室内のトイレの洋式化,③自社サイトの多言語化 (但し,宿泊予約の機能を有するサイトに限る),④館内および客室内のテレビの国際放送設備の整備,⑤館内および客室内の案内表示の多言語化,⑥客室の和洋室化,⑦オペレーターによる24時間対応可能な翻訳システム導入又は業務効率化のためのタブレット端末の整備,⑧クレジットカード決済端末の整備,⑨ムスリムの受入のためのマニュアル作成,⑩そのた宿泊施設の稼動率および訪日外国人の宿泊者数を向上させるために必要であると国土交通大臣が認めた事業

　一番目にWi-Fi整備がある. かつてWi-Fi整備はサービスかインフラかを議論する自治体があったが,もはやインバウンド対応には必要不可欠なインフラである.

## 4.4.5　民泊の出現

　2018年 6 月，民家などの空き部屋に旅行者を有料で泊める，有償での住宅宿泊＝「民泊」に対して「住宅宿泊事業法 (民泊新法)」が施行された.

　「民泊は法施行に先駆けて市場が拡大している．観光庁によると17年 7 ～ 9 月の訪日外国人客 (インバウンド) のうち12.4％が民泊を利用．エアビーの推計では経済効果が16年で9200億円に達した．民泊の活性化は堅調な訪日消費を持続する上でも欠かせないテーマとなっている」(『日本経済新聞』2018年 2 月 8 日版).

　民泊仲介業者を利用する訪日外国人旅行者が増え，法的な位置づけがあいまいなまま市場拡大する実態が先行した．民泊新法により仲介業者は観光庁への登録を必要とし，家主は自治体への届け出を義務付けられる．しかし，営業日数の上限や安全設備などの厳しい規制がある．そこで，違法物件の存在などから東京や大阪などは特例として「国家戦略特別区域外国人滞在施設経営事業に関する条例 (特区民泊)」として営業日数の上限がないなどの規制緩和を図る.

　『平成30年版　観光白書』(観光庁 2018：111) では「こうした民泊普及の背景には，近年の急速な訪日外国人旅行者数の増加といった要因のみならず，既存の宿泊施設が外国人旅行者の多様なニーズ (例えば，長期滞在者向けの「泊食分離」，家族旅行など比較的多人数で宿泊できるホテルの不足，日本の伝統的な生活体験ができる施設の不足等) に十分に応えられておらず，その隙間を埋める存在として民泊が増加していったものと考えられる」と指摘している.

　高度成長期・バブル経済前の「東京オリンピックや大阪万国博覧会などが開催されるに際し，ホテルの新設は海外諸国から来訪する外国人関係者への対応策 (東京オリンピックでは，大会前後に約 5 万人の外国人が入国，大阪万国博覧会では，開催年の来訪外国人は85万人．内閣総理大臣官房審議室『観光行政百年と観光政策審議会三十年の歩み』) であったが，政府は，これは国家的イベントへの協力と捉え，日本開発銀行を通じた融資面で特別の配慮を行うとしていた」(木村 2006：356). 官房長官は「外国人観光客の誘致に向けて世界の一流ホテルを国内に50ヶ所設ける考えを示し」(『日本経済新聞2019年12月 8 日』)，また財政の活用や日本政策投資銀行による資金支援などを実施する考えを表明した.

　一方では風俗営業法により営業許可されるラブホテルを，旅館業法上のホテル営業へ改装するために融資を受けやすくするなどにも取り組み，宿泊施設の不足の解消に動く.

### 4. 4. 6　宿泊の多様性

　徳島県三好市東祖谷落合にある「桃源郷祖谷の山里」の集落に「茅葺き民家ステイ」を提供する宿泊施設がある．過疎・高齢化に直面する山村集落の茅葺古民家や秘境の食材，歴史・文化などを地域資源として捉え直し，日本文化に関心高い内外の潜在的来訪者に伝統的な田舎暮らしのライフスタイルそのものを提供する新たな山村滞在型観光モデルの構築を実施する．重要伝統的建造物群保存地区の空き古民家を「三好市東祖谷歴史観光まちづくり計画」が策定された計画にのっとり，簡易宿所営業の宿泊施設として運用する．これらの古民家は，市が所有者から20年間無償で借り，その見返りとして年間5回無料で宿泊できるように契約を結ぶ．20年後には所有者はそこに住むことも，引き続き宿泊施設で使用することも可能としている．

　秘境の地と知られる地域の山の原風景にある茅葺き民家であるが，一歩入ると都市部のラグジュアリーホテルのような設備が整っている．たとえば囲炉裏をリメイクしたテーブルとソファは和と洋の洋式を巧みに取入れた和モダンなデザインである．またバスルームとは別にレインフォレスト付シャワーブースを備える．その上，最新ウオシュレットトイレに高機能ベッドマット．さらにはアイランドキッチンを備えたダイニングにはブルートゥース対応のオーディオもある．

　「古民家の宿泊施設へのリノベーションに対する金融支援」として，地域金融機関と共同でマネジメント型まちづくりファンドを組成するなど新制度の活用促進に向けた取組を実施する（観光庁 2018：137）．

　ピアス (Pearce 1989) は「大抵の目的地は様々な宿泊施設から成り立っており，その多様性はリゾートと顧客層の性格に依存する」と指摘している．

　前述のエアビーアンドビーは，ホームページに城やヴィラでの宿泊など「ユニークな旅行体験を叶えます」と説明する．廉価な宿泊場所の提供というより宿泊自体が観光動機になりうるといった多様性がみられ，客室不足の緩和に加え観光の客体としての新たな発展の動きと考えるべきではないだろうか．

　この宿泊施設が「新規コンテンツ型コンバージョン手法」=「古い歴史的建築物にうまく調和する，インパクトのあるコンテンツを導入するリニューアルは，成功事例が多い．その場合，成功の鍵は，如何にインパクトのある，斬新

（出所）　株式会社 ちいおりアライアンス写真提供.

**写真 4 - 1　徳島県三好市東祖谷落合**

なコンテンツを導入できるか，という点にある」（小長谷 2005 : 200）の典型的な
事例と考える.

## お わ り に

　観光庁は2012年 9 月「観光産業政策検討会」を立ち上げ，2013年 4 月「世界
最高・最先端の観光産業を目指して～観光産業政策検討会提言～」を取りまと
めた. この提言で宿泊業について「必ずしも一般に認識されているイメージほ
ど良質のサービスが提供されていない場合もあり，改善のための不断の取組み
を行うべきである」と指摘する. また「現時点では，格付を目的とした制度を
一律に導入するのではなく，主に訪日外国人旅行者を念頭に置いた，施設・設
備の状況や各種のサービスの有無等についての情報提供のための仕組みを，意
欲的な宿泊施設において導入していくことが適切」としている.
　宿泊業に対して一層のサービス高度化および多様化が求められ，さらなる経
済波及効果を宿泊業は期待されている. だが宿泊業の現状は「業界をあげて値

（出所）　株式会社　ちいおりアライアンス写真提供.

**写真4-2　桃源郷祖谷の山里「茅葺き民家」内部**

下げ競争をし，体力勝負の状態にあることはあきらかですが，いまだ勝者がみえてきません．全体で沈んでいるというのが実態でしょう．もはや宿泊業は「構造不況業種」と呼んでもいいのではないかと思えます」（青木 2015：30）といった状況だ.

　宿泊を伴う観光は，宿泊業のみならず新たな産業の生産誘発，雇用者の所得増やそれに伴う消費増加などの経済効果があってはじめて観光のエンジンが回るといえる．高度成長期・バブル経済期では，ホテル・旅館の建設ラッシュに沸いたが，旅館の宴会場が負担となったように，需要に対して調整が利かない．民泊や既存施設の機能転換の流れが地方へ広がるなかで，宿泊業は時代のみならず地域を鳥瞰して考える必要がある.

　2017年「時間市場創出（ナイトタイムエコノミー）推進議員連盟」が発足した．外国人観光客が増えるなか，夜の過ごし方について課題があった．日本では1984年よりいわゆる「風俗営業法」で深夜12時以降の飲食店での遊興が違法であった．2016年の規制緩和により営業許可取得で可能となったが，宿泊を伴う観光客の経済活性化が求められる．宿泊による滞在時間の増加で飲食などの消

費につながるのは言うまでもない．新たな消費や新しいサービスは地域の経済発展のために重要である．

　宿泊業は単なる寝所から発展し，さらに幅広い多様なサービスを提供するように分化してきた．今後は生産性を高め，日本や地域の成長エンジンとなり，地域社会や環境との共存共栄と持続可能性の追求が求められている．

　宿泊業がインバウンドやMICE分野において国際競争力を強化し，日本のサービス文化としてグローバル化することを期待したい．

注
1 ）　UNWTO（国連世界観光機関）2016年8月9日報道発表資料．「2016年1〜4月の国際観光はUNWTO年間予測平均率を上回る勢いで成長が継続」「観光はダイナミックで弾力性のある経済部門であることを示し，世界の全ての地域が堅調な需要の恩恵を受け続けている」とする．

2 ）　日本初のホテルについては諸説あるが，以下のものを紹介しておく．
　　「日本最古のホテルは1863年（文久3年）に開業した「横浜クラブ」．洋食と客室を提供された最初のクラブホテルである．一般客向けに当時の江戸幕府肝いりで建設したのが「築地ホテル館」」（井村 2009：222）．
　　「わが国において，日本の資本によるホテルの歴史は，130余年前の慶応4（1868）年8月，江戸・築地に竣工した「ホテル館」から始まった」（木村 2006：25）．
　　「我が国の「ホテル」起源についても諸説あるが，江戸時代後期，長崎出島に滞在するオランダ商館長が，江戸にて将軍に謁見する際の滞在先として「江戸長崎屋」が東京都中央区日本橋室町に用意されたのが始まりとされる」（木下 2010：79）．

3 ）　MICEという言葉が初めて世に出たのは，一般財団法人日本ホテル教育センター主催MICE塾の故浅井新介氏（初代塾長）によると1995年と言われている．オーストラリアの連邦観光省（Commonwealth Department of Tourism）が地域経済の活性化のために打ち出したプランを「ミーティング，報奨・研修旅行，国際会議などの総会，展示会や見本市を獲得するための国家戦略（A National Strategy for the Meetings, Incentives, Conventions and Exhibitions industry）」と命名した．そして，この頭文字を取ったMICE（マイス）という言葉が世界中に広まった（日本ホテル協会 2009年）．

4 ）　ラック・レートとは，客室ごとにあらかじめ設定された室料．「定価」に相当し，この価格以上で，客室が販売されることはない．

5 ）　観光の定義については必ずしも1つということでない．1995（平成7）年観光政策審議会（答申第39号）では「余暇時間の中で，日常生活圏を離れて行う様々な活動であって，触れ合い，学び，遊ぶということを目的とするもの」とする．その後2000（平成12）年観光政策審議会（諮問第43号）で「いわゆる「観光」の定義については，単なる余暇活

動の一環としてのみ捉えられるものではなく，より広く捉えるべきである.」とする．また観光庁の旅行・観光消費動向調査では「観光」の定義を「余暇，レクリエーション，業務などの目的を問わず非日常圏への旅行」とする．

6） コンベンション・レートとは，大型会議で使用する宿泊施設に関して，開催決定時に直接ホテルに又は旅行会社などを通じて，会議参加者が優先的に宿泊できる部屋を確保することをいう．時期，開催地の宿泊事情や会議の特性により様々なケースがあるが，一般客を全て排除することは困難であり，予約保証や取消費用のリスクなど宿泊代金を高くする要因をはらむ．

7） 住宅宿泊事業法（民泊新法）については以下を参照のこと．民泊制度ポータルサイト〈http://www.mlit.go.jp/kankocho/minpaku/overview/minpaku/law 1 .html〉2019年10月1日取得．

8） エアビーとはエアビーアンドビーの通称で，サンフランシスコに本社を置く民泊仲介業者である．

9） 宿泊業用建築物の工事費予定額は，2012（平成24）年の約1100億円が，2017（平成29）年には約9400億円となり，8.4倍に増加している（観光庁 2018：75）．

## 参考文献

Kottler, Philip/ John R Bowen and James C Makens, *Marketing for Hospitality and Tourism,* 3 rd Edition, Pearson Education, Inc.（コトラー，フィリップ／ジョン・ボーエン／ジェームズ・マーキンズ『コトラーのホスピタリティ＆ツーリズム・マーケティング』〔第3版〕白井義男監修，平林祥訳，ピアソン・エデュケーション，2003年）．

Levitt, Theodore (1960) Marketing Myopia, Harvard Business Review（『DIAMONDハーバード・ビジネス・レビュー』2001年11月号）．（レビット，セオドア「マーケティング近視眼」『ハーバード・ビジネス・レビューBEST10論文』ハーバード・ビジネス・レビュー編集部編者，DIAMONDハーバード・ビジネス・レビュー編集部訳，ダイヤモンド社，2014年）．

Pearce, Douglas (1989), *Tourist Development,* Longman, Essex, England, の第2章翻訳・内藤嘉昭訳 (2006)『文化情報学』駿河台大学文化情報学部紀要，13(2)．

青木昌城 (2015)『「おもてなし」依存が会社をダメにする──観光，ホテル，旅館業のための情報産業論──』文眞堂．

浅井新介 (2014)『マイス・ビジネス概論』横浜商科大学．

稲垣勉編著 (1990)『ホテル用語事典』株式会社トラベルジャーナル．

井村日登美 (2009)「ホテル・旅館事業」北川宗忠編著『現代の観光事業』ミネルヴァ書房．

井村日登美 (2015)「宿泊産業」大野正人編著『観光産業論』〔観光学全集　第6巻〕原書房．

大野正人 (2015)「宿泊産業」林清編著『観光産業論』〔観光学全集　第6巻〕原書房．

小原健史 (2010)「旅館業」谷口知司編著『観光ビジネス論』ミネルヴァ書房．

観光庁（2009）『国際会議誘致ガイドブック』.

観光庁（2015）『宿泊旅行統計調査』.

木村吾郎（2006）『日本のホテル産業100年史』明石書店.

木下弓子（2010）「ホテル・旅館業と観光ビジネス」谷口知司編著『観光ビジネス論』ミネルヴァ書房.

公益財団法人日本生産性本部（2019）『レジャー白書　2019——余暇の現状と産業・市場の動向——』生産性出版.

国土交通省観光庁編（2018）『平成30年版　観光白書』.

小長谷一之（2005）『都市経済再生のまちづくり』古今書院.

鶴田雅昭（2009）「観光の経営史」市川文彦・鶴田雅昭編著『観光の経営史——ツーリズム・ビジネスとホスピタリティ・ビジネス——』関西学院大学出版会.

徳江順一郎（2013）『ホテル経営概論』同文舘出版.

日本イベント産業振興協会能力・コンテンツ委員会監修（2015）『イベント検定公式テキスト　基礎から学ぶ，基礎からわかるイベント』日本イベント産業振興協会.

日本ホテル協会（2009）『日本ホテル協会創設100年史』.

長谷政弘（1999）『観光ビジネス論』同友館.

廣間準一（2015）「ホテル分類を考慮した重点開発項目の抽出研究」日本国際観光学会論文集，（22）.

松田充史（2018）『旅館が温泉観光が活性化する』大阪公立大学共同出版会.

経済産業省外資系企業動向調査 調査対象業の属性〈https://www.meti.go.jp/statistics/tyo/gaisikei/gaiyo.html#menu04〉2019年10月1日取得.

セントレジスホテル「セントレジスバトラーサービス」HP〈https://www.marriott.co.jp/hotels/hotel-information/details-2/nycxr-the-st-regis-new-york/〉2019年10月1日取得.

日本政府観光局（JNTO）コンベンションの誘致・開催支援HP〈https://mice.jnto.go.jp/organizer-support/unique-venue.html〉2019年10月1日取得.

# 第5章　観　光　行　動

## は じ め に

　旅行を計画している場面を想像してほしい．旅行先となる観光地の候補がいくつか思い出されるだろう．その中に，あなた自身のニーズを満たしてくれそうな観光地があるのではないだろうか．

　そもそも，その観光地は，何故思い出されたのだろうか．過去に家族，あるいは，友人と訪れた旅行先かもしれない．実際に訪問したことはないが，友人がインスタグラムに写真を投稿した観光地だったり，鉄道会社のキャンペーンポスターで取り上げられていた場所だったりするかもしれない．

　いずれにしても，過去に経験したり，見たりしたものが記憶として残っていたためだろう．つまり，記憶は，将来の旅行先となる観光地をはじめとした，宿泊施設，アクティビティなどの選択に大きな影響を与える．とりわけ，観光者自身が経験したことで得られた記憶，すなわち，思い出[1]は，もう一度訪れたいという「再訪意図」につながるだけでなく，友人に紹介したいという「推奨意図」にもつながると考えられている．

　近年，観光行動をより精緻に捉えるため，観光者の思い出に注目した研究が重ねられている．本章では，そのような研究の中から主要な成果を紹介する．同時に，観光地に関わる企業や地域を意識し，実務的視点から考察を加える[2]．なぜなら，最新の研究成果を理解することは，「ひろがる観光のフィールド」を知るきっかけになると考えるためである．加えて，そのような成果は研究領域に留まらず，実務領域においても，多くの示唆を与えてくれるためである．

　なお，本章の構成は次の通りである．5.1では，観光者の意思決定プロセスの概要に触れる．観光行動を捉える1つの枠組みである意思決定プロセスにお

いて，記憶，思い出の果たす役割について概説する．5.2では，思い出を構成する要素について，続く5.3では，思い出がもたらす効果について紹介する．5.4では，思い出の変容，検索手がかりを取り上げる．5.5では，観光行動，および，思い出と関連の深い写真撮影に注目する．最後に全体のまとめについて言及する．

# 5.1　観光者の意思決定プロセス

### 5.1.1　観光者の意思決定プロセスの概要

　観光行動を捉えるための1つの枠組みとして，観光者の意思決定プロセスがある[3]（図5-1）．そのプロセスには，観光者はそもそもなぜ観光をするのか（①問題認識），観光に関する情報をどのように集めるのか（②情報探索），集めた情報に基づいて観光地，宿泊施設，交通機関，アクティビティなどをいかにして評価するのか（③代替案評価），どのようなやり方で予約を行うのか（④購買（予約）），観光を終えた後，どのような思い出が残っているのか（⑤購買後評価），という観光者の心理に基づいた5つのステージがある[4]．もちろん，この5つのステージは，観光特有のものではなく，例えば，スマートフォン，スニーカー，カフェなどの選択においても同じプロセスを経ると考えられている．

### 5.1.2　問題認識

　問題とは，理想の状態と現実の状態との間に存在するギャップを意味する．このギャップには，理想的な状態のレベルがあがることによってギャップが生じる場合と現実の状態のレベルがさがることによってギャップが生じる場合がある[5]．いずれの場合においても，そのギャップを認識するとそれを埋める，すなわち，問題解決をはかるための手段が検討されることになる．

　観光者はどのようなギャップを認識しているのか，について旅行を行う理由から考えてみると，例えば，「自分が成長できるような経験がしたい」は，理想的な状態のレベルがあがったことによる問題認識に基づいたものといえるだろう．一方，「日常の生活でたまったストレスを解消したい」は，現実の状態のレベルがさがったことによる問題認識に基づいたものといえるだろう[6]．

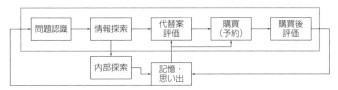

（出所）青木幸弘・新倉貴士・佐々木壮太郎・松下光司（2012）『消費者行動論』有斐閣，p.43を一部修正し引用.

**図5-1 意思決定プロセス**

### 5. 1. 3 情報探索

このステージでは，問題を解決するための情報が収集される．情報探索には，内部探索と外部探索がある．内部探索とは，観光者自身の経験や学習から得た記憶に蓄積されている情報の探索を意味する．外部探索とは，雑誌，観光地のHP，SNSの情報など，外部の情報の探索を意味する．通常，内部探索では十分な情報が得られなかった場合，外部探索が行われる．

例えば，「温泉に入ってリラックスできた」という記憶，すなわち，思い出は内部探索の対象となる．つまり，そのような思い出は，次の旅行を計画する際に，重要な情報源になることを意味している．

### 5. 1. 4 代替案評価

情報探索を行った結果，評価対象となる複数の案が残る場合がある．その案の中から最も適切なものがどれなのか，という評価が行われるステージである．その評価には，いくつかの方法があると考えられている．例えば，ホテルを取り上げると，最安値のホテルを最も評価するという，1つの基準に重点をおいた方法もあれば，価格はやや高いが，交通の便，サービスなどを検討しながらホテルを評価するという，複数の基準を考慮した方法もある（青木ほか 2012）.

もちろん，観光地自体も評価の対象となる．さらに，旅行は宿泊施設，交通機関，アクティビティなど複数のサービスから構成されるため，そのサービス毎に代替案評価が複数回行われることになる．

### 5. 1. 5 購買（予約）

代替案評価をふまえて，実際に購買（予約）が行われるステージである．旅

行の場合，どの予約サイト，もしくは，旅行会社で予約を行うのか，という予約方法の評価も重要な課題であるといえる．また，予約サイト上の情報（例えば，日々更新されるホテルのキャンペーン情報）によって，代替案評価の結果とは異なった予約（例えば，ホテル）を行うこともある．

### 5. 1. 6　購買後評価

購買後に満足，あるいは，不満足などの評価が行われるステージである．旅行の場合，その旅行自体に対してどのような思い出が残っているのか，が評価される．旅行先では様々な経験をしたものの，思い出に残っているものは，その中のごく一部に過ぎないだろう．さらに，旅行直後は，思い出に残っていたものが，時間の経過とともに，その思い出もあやふやになる．長く思い出として残り続けているものとそうでないものとには，どのような違いがあるのか，理解する必要があるだろう．なぜなら，そのような思い出が次の購買（予約）につながったり，他人への推奨を行ったりする源泉になると考えられているためである．

### 5. 1. 7　観光者の意思決定プロセスと思い出

ここまで，観光者の意思決定プロセスを構成する5つのステージを見てきた．思い出との関わりを再確認すると，次のように，思い出が複数のステージに影響を与えていることが見てとれる（**図5-1**）．「○○温泉に入ってリラックスできた」という思い出は，内部探索によって想起される（情報探索）．それは，次の旅行先の代替案になり得る（代替案評価）．良い印象の思い出があると，再度，予約される可能性も高まるだろう（代替案評価，および，購買（予約））．また，そのような思い出は他人への推奨につながったり，さらに，次の意思決定プロセスにつながったりもする（購買後評価）．つまり，観光行動，とりわけ，観光者の購買意思決定プロセスにおいて，観光者の思い出が大きな影響を与えていることが分かる．

次節以降，この観光者の思い出に注目しながら，観光行動を捉えることを試みる．

## 5.2 観光者の思い出

### 5.2.1 思い出に注目する背景

記憶，思い出は，観光行動だけでなく，スマートフォン，スニーカー，カフェといったモノやサービスを購買対象とする消費者の行動においても重要な役割を果たす．ただ，近年，観光行動を捉えるため，他のカテゴリーと比較して，より観光者の思い出に注目する必要があるという報告が行われている．

観光者の経験は，有形なものではなく無形なもの，という特徴が関係しているだろう．有形なものであれば，使用する度に見たり，触ったりと，それ自体を検索手がかりにできるため，その都度，ブランド（例えば，スマートフォンのブランド）の想起が可能だろう．しかしながら，観光者の経験は，改めて見たり，触ったりすることができない．検索手がかりが限定されるため，より思い出に頼らざるをえないといえる．

また，次の経験までにタイムラグがあるという特徴も関係していると考えられる．観光地での経験は，日常とは切り離されているため，頻繁に繰り返すことが叶わない（同じ無形なものでも，例えば，カフェであれば，頻繁に訪れることが可能だろう）．そのため，より思い出に注目する必要があるといえる．

上記のように観光者の経験は，無形なもの，および，次の経験までにタイムラグがあるという特徴をもつ．つまり，そのような特徴が，観光行動を捉える上で，思い出に注目する背景にあると考えられる．

### 5.2.2 思い出の要素

観光地での思い出を挙げてみよう．観光地ならではの体験，人との交流，リフレッシュなど，そのような経験が思い出される人も少なくないだろう．ただ，観光地での経験全てが思い出として残り続けることはない．Kim et al.(2012)は，アメリカの大学生を対象に調査を行い，次のように思い出を構成する7つの要素を明らかにしている（表5-1）[7]．すなわち，観光者の思い出は，7つの内の1つ，あるいは，いくつかの要素からできていると考えられるのである．

ただ，上記の要素は，主に，観光地での思い出に焦点を合わせたものといえ

表 5-1　思い出の要素と定義

| 要　素 | 定　義 |
| --- | --- |
| ヘドニズム | 観光地での経験を通して得られた快楽感情（例えば，興奮，スリル，楽しみ） |
| 新規性 | これまで経験したことのない，あるいは，ユニークな心理的感覚 |
| ローカル・カルチャー | 観光地での人，あるいは，文化との交流に対する印象 |
| リフレッシュメント | 観光地での経験を通して得られたリラックス状態 |
| 意味性 | 観光地での経験に対する意義，あるいは，重要性 |
| 関　与 | 観光地，あるいは，アクティビティに対する切望，あるいは，興味 |
| 知　識 | 経験を通して得た学び，あるいは，情報 |

（出所）　筆者作成.

る．一方，観光者の思い出は，観光地での経験に限ったものではないだろう．

　Park and Santos（2017）は，ロンドン，あるいは，パリを拠点に旅行する韓国の観光者（バックパッカー）にインタビュー調査を行っている．この研究では，観光地についた直後，観光地に滞在中，帰国後という，３つのステージでインタビューを行っている．それによって，それぞれのステージにおいてどのような思い出が残っているのか，を明らかにしている．

　例えば，観光地についた直後のインタビューでは，観光地に対して情報探索したり，計画を立てたり，といった「旅行前」の出来事が思い出されていた．観光地に滞在中のインタビューでは，観光者同士の交流に関する話題，あるいは，その交流から得た情報によって計画とは異なる観光地を訪れたという話題など，「旅行中」の出来事が思い出されていた．帰国後にスカイプを通じて行われたインタビューでは，想定外の出来事，困難，観光地までの移動など，当初計画されたものとは異なる経験が思い出されていた．

　この研究からは，①観光者の思い出は観光地での経験に限ったものだけではないこと，②想定外の出来事，困難といった当初予定していた経験とは異なるものが思い出になっていること，③印象的な思い出がステージ，つまり時間の経過とともに変容していること，が分かる．

　上記の研究成果を実務的視点でまとめると，次のような示唆があるだろう．例えば，観光地経営を担うDMOは，先に示した７つの思い出の要素を意識しながら，サービス，アクティビティ，プログラムなどを設計し，観光者に経験

してもらう．すると，それらの経験は，観光者にとって印象深い思い出になるだろう．同時に，「旅行中」だけでなく，「旅行前」「旅行後」に形成される思い出も意識する必要があるといえる．さらに，観光者にとって想定外の（ポジティブな）出来事をコントロールすることができると，感動という思い出に結びつく可能性が生まれるだろう[8]．

## 5.3　思い出の効果

観光者の意思決定プロセスで確認したように，観光者の思い出が，再訪意図や推奨意図につながると考えられている．ここでは，そのメカニズムについて実証した研究を紹介する．

Kim（2018）は，台湾を訪れた観光者を対象に調査を行っている．具体的には，高尾国際空港で台湾観光の思い出，観光地イメージ，全体的満足度，再訪意図，推奨意図など，観光行動を捉えるための各種要因について外国からの観光者に

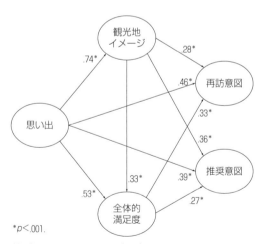

*p<.001.

（出所）Kim, Jong-Hyeong (2018) "The Impact of Memorable Tourism Experiences on Loyalty Behaviors: The Mediating Effects of Destination Image and Satisfaction," *Journal of Travel Research*, 57(7), p.864を一部修正し引用．

**図5-2　思い出の効果**

尋ねている．その後，上記要因間の関係を分析したところ，思い出が全ての要因の源泉になっていたという（図5-2）．つまり，思い出が，観光地イメージ，全体的満足度，再訪意図，推奨意図に直接的に影響を与えていたのである．さらに，観光地イメージ，全体的満足度を媒介とした思い出による再訪意図，および，推奨意図に対する間接効果も確認されている．

　これまで，観光地に関わる企業や地域の多くは，いかに満足度を高めるのか，について努力を重ねてきたといえるだろう．なぜなら，それが，再訪意図や推奨意図につながると考えられてきたためだ．しかしながら，この研究は，満足度を意識するだけに留まらず，満足度に対して影響を与える観光者の思い出を意識する重要性について説いていると解釈できるだろう．

## 5.4　思い出の変容と検索手がかり

### 5.4.1　思い出の変容

　満足度をはじめとした観光者の評価，および，その方法についてもう少し考えてみたい．旅行で訪れた宿泊施設やアトラクション施設などで，その施設に対する満足度をはじめとした評価について尋ねられたことがある人もいるだろう．満足度が高ければ，再度，訪問してくれたり，他人に口コミをしてくれたり，という指標になるためだ．前節の結果を踏まえると，より思い出に注目すべき，という結論に至るが，本節では，別の視点からそれについて検討を加えたい．

　宿泊施設やアトラクションなどに対する評価は，一般的に，旅行中，もしくは旅行直後に行われることが多いだろう．別の言い方をすると，その評価は，対象となる経験直後の記憶，思い出に基づいたものである．ただ，思い出は，時間とともに変わるかもしれない，あるいは，その思い出自体が忘れ去られるかもしれない．つまり，思い出は変容する，ということが考慮されていない場合が多いといえる．

　Barnes, Mattsson and Sørensen (2016) は，サファリパークを取り上げ，サファリパークに入場する前（t1），1日，あるいは，2日後（t2），6週間後（t3）という各ステージにおいて，同じ調査協力者に対して同じ質問（ポジティブな感

情の程度など）を行った。<sup>9)</sup> そのデータを用いて，平均得点を比較したところ，1日，あるいは，2日後（t2）の方が，6週間後（t3）よりも高い傾向を示したという。ところが，再訪意図に対しては，唯一，6週間後（t3）という直近の評価が有意な効果を示したのである。この結果は，①時間の経過とともに思い出は変容すること，②経験直後の思い出に基づいた評価（t2）ではなく，ある程度時間が経った後に残った思い出に基づいた評価（t3）が，将来の行動に影響を与えることを主張している。

　次の研究も思い出の変容に注目する重要性を示唆している。Agapito, Pinto and Mendes（2017）は，観光者の感覚（五感）の変化に注目している。この研究では，ポルトガルを訪れた観光者を対象に，「旅行中」と「旅行の半年後」に，同じ調査協力者からデータを収集している。自由記述に基づいて抽出された感覚に関するワードの数を比較した結果，時間の経過とともにその数が減少する傾向にあった，と報告している。一方，半年後にはじめて確認されたワードも存在したという。この結果について，旅行後に経験を振り返ったり，内省したりすることで，改めて想起される思い出があるという考察を導いている。この研究も思い出の変容を明らかにしているといえる。さらに，ある程度の時間が経つことで改めて認識される思い出があるという新たな結果を導いている。

　上記で紹介した研究成果を考慮すると，観光者の経験直後の評価を収集する傾向にあった企業や地域に対して，新たな示唆を与えることになる。例えば，宿泊施設の場合，チェックアウト時に依頼していた質問票調査を，数週間後に依頼することで，より正確な観光行動（評価）の理解につながるといえるだろう。

## 5.4.2　思い出と検索手がかり

　先に紹介した研究からは，いずれも思い出自体が減少，すなわち，忘却される傾向にあることが分かる。観光地に関わる企業や地域にとっては，いかに忘却されずに思い出として残り続けるのか，が課題といえる。繰り返しになるが，例えば，スマートフォン，スニーカーは有形であるため，それを利用する度に見たり，触ったり，することによってそのブランドを思い出すことが可能だろう。つまり，有形なものそれ自体が検索手がかりになり得る。一方，観光地での経験は無形であるため，直接見たり，触ったりすることによって思い出すこ

とは不可能だろう．それでは，観光者にとって，どのようなものが検索手がかりになり得るのだろうか．Sthapit and Björk（2019）は，土産物に注目している．この研究は，ロバニエミ（サンタクロースの故郷とされるフィンランドの都市）で土産物を買ったことのある観光者に対して，調査を行っている．例えば，土産物を買った理由，土産物がロバニエミを思い出すきっかけになっているか，土産物が再訪意図を促しているか，などについて尋ねている．調査から得られたデータを分析したところ，例えば，Tシャツ，キッチンアイテムなどをはじめとした日常使いが可能で機能的な土産物が，旅行を思い出すきっかけになっていたのである．

　スマートフォンが普及することで，観光地で気軽に写真撮影を行ったり，インスタグラムに投稿することを目的に観光地を訪れたり，写真と観光行動との結びつきが以前に増して強くなっている．また，スマートフォンの機能が充実することで，以前よりも写真と観光者の思い出との関連も深くなっている．スマートフォンの機能を用いることで，観光者の普段の姿を収めることができるようになったり，それを改めて見返す機会も増えたりしているためだ（Yu et al. 2018）．このことは，検索手がかりとして，写真がより有用に機能することを意味しているといえるだろう．

　時間の経過とともに思い出の忘却が進む．DMOをはじめとした地域や企業は，それを維持することを戦略の1つとして捉えることで，新たな打ち手が見えてくるのではないだろうか．

## 5.5　思い出と写真撮影

　前節で触れたように，写真と観光行動との結びつきが強くなっている．近年，写真を撮る行動，および，それによってもたらされる効果の解明を狙った研究が蓄積されてきた．ここでは，バスツアー，レストラン，記念日，ミュージアム，という観光と関連のある経験を対象とした研究を紹介する．

　観光地で積極的に写真撮影を行った場合とそうでない場合，観光者の心理にどのような影響を与えるのだろうか．また，自分自身の思い出のための写真撮影と，SNSに投稿することを念頭においた写真撮影とでは，撮影する側の心理

はどのように異なるのだろうか．このような疑問に対する答えを与えてくる.

　最初に，バスツアーでの写真撮影に注目したDiehl et al.（2016）の研究を紹介する．この実験では，バスツアーにおいて，①写真撮影を促されたグループ（少なくとも10枚以上の写真撮影を指示されている），②写真撮影を行わないグループが設定された．ツアー後，実験参加者全員に「楽しみ」などの評価を尋ねた．すると，①写真撮影を促されたグループの方が，楽しみに対する評価が高かった．すなわち，写真を撮影することが，ツアー自体の楽しみを高めていたのである．続くレストランを対象とした実験では，その理由についても検討されている．どの程度注意力を要しているかを意味するエンゲージメントを変数として組み込み，「写真撮影条件→エンゲージメント→楽しみ」という媒介分析を行ったところ，エンゲージメントの媒介効果が確認されたという．すなわち，写真撮影が，レストランでの経験に対する注意力を高め，次にそのことが，レストランでの経験に対する楽しみを増したと考えられる.

　先に示したもう１つの疑問に対しては，次の研究が答えを与えてくれる．Barasch et al.（2018）は，クリスマスという記念日での出来事を撮影対象としている．この実験では，①自分の思い出のために写真撮影するグループ，②Facebookでシェアすることを前提に写真撮影するグループが設定された．先のDiehl et al.（2016）と同様，楽しみの評価を尋ねたところ，①自分の思い出のために写真撮影するグループの方が，楽しみに対する評価が高かった．すなわち，同じ経験であっても他人に見られる可能性の有無によって，楽しみが左右される結果となったのである．追加的な分析によると，シェアすることが，他人に見られること（自己呈示）に対する不安を高め，次にそのことが，エンゲージメントを下げることを通して，楽しみそのものも下げる傾向にあったと評価している.

　最後に，より思い出と関連の深い研究を紹介する．これまで，写真を撮ることは，思い出を減少させる傾向にあると考えられてきた．例えば，旅行中の出来事，あるいは，観光地ならではの風景などを撮影しておくと，後日，それを見返すことができるため，敢えて思い出として記憶に残す必要がない，と考えられていたためである.

　Barasch et al.（2017）の実験１では，ミュージアムを取り上げ，①写真撮影

を行うグループ（少なくとも10枚以上の写真撮影を行うことが指示されている），②写真撮影を行わないグループが設定されている．見学後，展示物に対する視覚から得られる情報，および，聴覚から得られる情報（音声ガイドの情報）に関して尋ねた．すると，視覚から得られる情報において，①写真撮影を行うグループの正答率の方が高かったのである．一方，聴覚から得られる情報においては，グループ間において差はなかった．この結果は，写真撮影を行うことが，思い出に残る傾向を示したと考えられる．他の実験結果も含め，この研究では，写真を撮影をすることによって，注意力が増し，そのことが思い出を高めたと分析している．[10]

　近年，インスタグラムをはじめとしたSNSへの投稿を促す観光地の企業や地域が見受けられる．SNSに投稿され，シェアされることが，それらの認知度を高めることにつながると考えられているためだ．上記の研究成果を踏まえると，写真撮影を促すことは，観光者自身の楽しみや思い出に残る可能性を高めることになるだろう．ただ，SNSへの投稿を意識することが，自己呈示に対する不安につながると，かえって，観光者の楽しみの機会を奪う，という結果も意識する必要があるといえる．

## おわりに

　本章では，観光者の意思決定プロセスにおける複数のステージに影響を与える観光者の記憶，すなわち，思い出に注目しながら，観光行動を捉えることを試みた．とりわけ，先行研究を紹介するに留まらず，観光地に関わる企業や地域を意識し，実務的な視点から考察を加えた．例えば，次のようにまとめることができるだろう．

　競争優位性を見いだすことが難しい，と考える企業や地域は，満足度の向上を目指すだけではなく，観光者の思い出に注目する必要があるだろう．その思い出は7つの要素から構成されている．全ての要素を考慮する必要はないだろう．マネジメントすべきターゲット，対象，季節などを見極めながら，どのような思い出を残してもらいたいのか，について検討することから始める．

　思い出は，変容したり，忘却したりする．満足度調査を実施する場合，ある

程度の期間をおいて実施すべきだろう．インターネットを使うと，以前よりも容易にそのような調査が可能だ．また，土産物も思い出してもらうための手がかりとして重要な役割を果たす，という視点をもつと，新たなマーケティングを検討するための余地が見つかるのではないだろうか．

　SNSの活用においても観光者の心理を理解する必要がある．SNSへの投稿を促すための写真撮影は，観光者に心理的な負担を強いる場合もあるためだ．一方，そうではない写真撮影は，積極的に促すのがよいだろう．結果的に観光者の楽しみを増したり，思い出につながったりするためだ．

　上述のまとめは，近年の研究成果である思い出という概念を用いて，実務への応用を検討した一例に過ぎない．今後，研究と実務がより融合することが，それぞれにおける新たな展開につながるものと考える．

## 注

1 ）　本章では，思い出に残る旅行経験（memorable tourism experience）に対して，思い出される程度について測定した研究（e.g. Kim et al. 2012），観光者の記憶（memory）に対して，記憶に残る程度について測定した研究（e.g. Oh et al. 2007）を参考に，観光者の「思い出」と「記憶」とを同義語として扱っている．

2 ）　本章は，田中（2020）の「旅行者の記憶研究の系譜と課題」で取り上げられたレビュー対象を参考に，主要な先行研究を紹介しながら，実務的視点から解説を加えたものである．同時に，「5.1　観光者の意思決定プロセス」「5.5　思い出と写真撮影」を組み込み，全体的に再構成したものである．

3 ）　意思決定プロセスについて，より観光者を意識したモデルの検討も重ねられている．例えば，Sirakaya and Woodside（2005）など．

4 ）　「購買」の後に「消費」，「購買後評価」の後に「処分」というステージが考えられるが，本節では，「消費」は「購買後評価」に含めている．また観光は無形なものであるため，「処分」は敢えて設定していない．

5 ）　浦野（2016）では，3つ目の状態として，理想的な状態のレベルがあがることと，現状のレベルがさがることが，同時に起きる状態があるとしている．

6 ）　旅行を行う理由の例として示した「自分が成長できるような経験がしたい」「日常の生活でたまったストレスを解消したい」は，林・藤原（2012）の観光動機尺度から引用している．

7 ）　Kim（2010），Kim et al.（2012）の定義，および，尺度項目の内容を考慮しながら，改めて定義について検討し，まとめたものである．

8 ）　例えば，サービス提供者にある程度の権限を渡すことによってはじめて提供されるサー

ビスが考えられる．いわゆるマニュアルを超えた感動を生むサービス．
9） t 1 は体験前，t 2 と t 3 は体験後であるが，時制以外は同じ質問項目が設定されている．
10） この実験には続きがあり，写真撮影を行うのではなく，「心の中で撮影を行う」グルー
    プを設定し，分析したところ，写真撮影を行うグループと同様に，写真撮影を行わない
    グループよりも，正答率が高かった．つまり，写真撮影を行うという「行動」自体が正
    答率を高めているとはいえないと考えられる．

## 参考文献

Agapito, Dora, Patrícia Pinto and Júlio Mendes (2017) "Tourists' Memories, Sensory Impressions and Loyalty: In *Loco* and Post-Visit Study in Southwest Portugal," *Tourism Management*, 58, pp. 108-118.

Barasch, Alixandra, Gal Zauberman and Kristin Diehl (2018) "How the Intention to Share Can Undermine Enjoyment: Photo-Taking Goals and Evaluation of Experiences," *Journal of Consumer Research*, 44( 6 ), pp. 1220-1237.

Barasch, Alixandra, Kristin Diehl, Jackie Silverman and Gal Zauberman (2017) "Photographic Memory: The Effects of Volitional Photo Taking on Memory for Visual and Auditory Aspects of an Experience," *Psychological Science*, 28( 8 ), pp. 1056-1066.

Barnes, Stuart J., Jan Mattsson and Flemming Sørensen (2016) "Remembered Experiences and Revisit Intentions: A Longitudinal Study of Safari Park Visitors," *Tourism Management*, 57, pp. 286-294.

Diehl, Kristin, Gal Zauberman and Alixandra Barasch (2016) "How Taking Photos Increases Enjoyment of Experiences," *Journal of Personality and Social Psychology*, 111( 2 ), pp. 119-140.

Kim, Jong-Hyeong (2010) "Determining the Factors Affecting the Memorable Nature of Travel Experiences," *Journal of Travel & Tourism Marketing*, 27( 8 ), pp. 780-796.

Kim, Jong-Hyeong (2018) "The Impact of Memorable Tourism Experiences on Loyalty Behaviors: The Mediating Effects of Destination Image and Satisfaction," *Journal of Travel Research*, 57( 7 ), pp. 856-870.

Kim, Jong-Hyeong, J. R. Brent Ritchie and Bryan McCormick (2012) "Development of a Scale to Measure Memorable Tourism Experiences," *Journal of Travel Research*, 51( 1 ), pp. 12-25.

Oh, Haemoon, Ann Marie Fiore and Miyoung Jeoung (2007) "Measuring Experience Economy Concepts: Tourism Applications," *Journal of Travel Research*, 46( 2 ), pp. 119-132.

Park, Sanghun and Carla Almeida Santos (2017) "Exploring the Tourist Experience: A

Sequential Approach," *Journal of Travel Research,* 56( 1 ), pp. 16-27.

Sirakaya, Ercan and Arch G. Woodside（2005）"Building and Testing Theories of Decision Making by Travellers," *Tourism Management,* 26, pp. 815-832.

Sthapit, Erose and Peter Björk（2019）"Relative Contributions of Souvenirs on Memorability of a Trip Experience and Revisit Intention: A Study of Visitors to Rovaniemi, Finland," *Scandinavian Journal of Hospitality and Tourism,* 19( 1 ), pp. 1 -26.

Yu, Xi, Gerardo Joel Anaya, Li Miao, Xinran Lehto and IpKin Anthony Wong（2018）"The Impact of Smartphones on the Family Vacation Experience," *Journal of Travel Research,* 57( 5 ), pp. 579-596.

青木幸弘・新倉貴士・佐々木壮太郎・松下光司（2012）『消費者行動論──マーケティングとブランド構築への応用──』有斐閣.

浦野寛子（2016）「意思決定──なぜそれを買ったのか？──」松井剛・西川英彦編著『1からの消費者行動』碩学舎.

田中祥司（2020）「旅行者の記憶研究の系譜と課題」山本昭二・国枝よしみ・森藤ちひろ編著『サービスと消費者行動』千倉書房.

林幸史・藤原武弘（2012）「観光地での経験評価が旅行満足に与える影響──観光動機と旅行経験の観点から──」『社会学部紀要』114, pp. 199-212.

# 第6章　観光情報とメディア

## は じ め に

　観光者は観光行動を実現するために様々な情報を利用する．また，これらの情報の多くはメディアを通して利用者に提供される．メディアは大別するとマスメディアとソーシャルメディアがあるが，近年後者の影響力が強まり，観光の分野における影響力も増している．

　観光行動は，観光者と観光対象としてのモノやコトが結びつくことによっておこる現象であるため，この両者を結びつけるものとしての各種メディアの役割は大きい．

## 6.1　観光情報とは

　観光情報は，観光者の活動プロセス全般に関するすべての情報と捉え，観光者の観光行動をもとに分類すると誘発情報，選択情報，計画情報，現地情報，評価情報と類型化することができる．

　誘発情報は，観光行動を誘発し，行動を開始しようとする意思決定にかかわる情報であり，選択情報は，観光の目的の選定，目的地，時期などの選定にかかわる情報，計画情報は，具体的な観光の計画にかかわる情報，現地情報は，現地での旅行行程を快適に実現するための情報，評価情報は，観光の各場面や全体の評価をフィードバックする情報のことである．また，評価情報は，公表されることで再び誘発情報から現地情報として活用される場合もある．

　観光情報を情報提供者の視点から眺めると，誘致情報と着地情報に分類することができる．北川（2008）によると，前者は「観光客に当該観光地への目を

向けさせる広報宣伝」であり，後者は「実際に観光地に来訪した観光客に，最寄りの駅や観光案内所，あるいは宿泊施設などで手にする情報」であり，「カーナビゲーション・システムの利用もマイカー観光の時代に大きな効果およぼす着地情報である」とする．

　本書では，観光情報を，主に先に述べた観光者の活動プロセス全般に関するすべての情報と捉え以下の記述を行う．

## 6.2　メディアとは

　メディア（Media）という言葉は，①情報を記憶・保管しておく媒体．②情報を伝達・交流する媒体．といった2つの意味でおもに使われる．

　前者としては，デジタル時代の今日では，磁気ディスク・光ディスク，光磁気ディスク，フラッシュメモリーなどがあげられる．

　後者には，テレビ，ラジオ，新聞，書籍（雑誌），電話，FAX，インターネット，スマートフォン（以下スマホと略す）などがある．本章が対象とするのは主に後者である．

### 6.2.1　メディアの変遷

　長い間4大メディアと言われてきたのが，新聞，雑誌，ラジオ，テレビである．15世紀に西欧において開発された印刷技術は，その後の技術開発の高度化によって大量印刷が可能になり，新聞や雑誌は18世紀から19世紀にメディアとして確立する．さらに，20世紀に入るとテレビやラジオが急速に商業的に拡大した．

　しかし，20世紀の終わりごろには，情報メディアとしてのインターネットが社会の情報基盤の急速な整備を背景として大きな力を持つようになった．

　新聞，雑誌，テレビ，ラジオなどの4大メディアに対し，インターネットは目覚しい発展を見せた．

　特に，電話機能に加え，個人用の携帯コンピュータとカメラさらにストレージの機能を併せ持ったスマートフォンの登場によって，ネットワーク接続環境下での情報に対するアクセス（収集・閲覧・発信）のあり方に大きな変容がもた

らされた．もちろんこのことは観光情報とメディアの関係においても例外ではない．

### 6.2.2　マスメディアとパーソナルメディア

広辞苑によるとマスメディアとは，「マス－コミュニケーションの媒体．新聞・出版・放送・映画など．大衆媒体．大量伝達手段」の事であるが，パーソナルメディアについての記載はない．

一般的には，「使い手が情報を発信したり，記録，編集したりするために用いられ，形成された情報空間は双方向な場であり，双方向参加することができるもの」の事である．代表的なものとしては各種SNS（ソーシャル・ネットワーキング・サービス：social networking service）が挙げられる．

SNSにはFacebookやTwitter，Instagramなどがあるが，SMBCコンシューマーファイナンス株式会社が，2018年に，30歳〜49歳の男女を対象に行った「30代・40代の金銭感覚についての意識調査2018」によると，有効サンプル1000名中，SNSにアップする写真や動画を撮影するためにお金を使った経験がある人が58.4%（584人）で，そのうちの55.0%が「旅行・観光（絶景スポットなど）」であると回答した。またIPSOSが2018年に行った調査「インバウンド観光におけるInstagramの役割」によると，調査対象となった3023人のInstagram利用者のうち51%が，「Instagramはあまり知られていない旅行先や体験の情報源だ」と回答し，また，定期的に旅行する人のうち「休暇の計画を立てる際にInstagramを使う」と回答した人の割合は46%であった．

このように，ソーシャルメディアは，近年急激な発展を見せており，情報提供の在り方や，観光者の観光行動に大きな影響を与えている．

## 6.3　観光情報メディアとその機能

それぞれのメディアが，どのような観光情報を提供し活用されているかについて，事例を挙げながらその機能を分析，検討していくことにする．

### 6.3.1 ポスター，チラシ（フライヤー）

行政（国，都道府県，市町村），観光協会・観光公社，旅行会社，鉄道会社，航空会社などが観光客誘致を目的としてポスターやチラシを作り，掲出および配布を行う．観光キャンペーン（後述）などの一環として作成されることも多い．

ポスターは，面積は大きいが，一瞬で注意を引き付けることができなければならないので，情報量が少なくなる．そのため効果的なキャッチコピーが有効である．

例えば，JRグループの「青春18きっぷ」ポスターには，"列車の灯りに誘われて．もうすぐ都会に着くとは思えない，山峡の夕暮れを味わっています．（2018年夏）"のように毎回秀逸なキャッチコピーが旅に誘ってくれる．

チラシ（フライヤー）は，各所への配置，街頭での手配りだけでなく，新聞折込やポスティング，ダイレクトメールなど，さまざまな方法によって配布される．ポスターと比べサイズは小型であるが，顧客に内容を伝えるという役目があるため，情報量は多い．チラシには時に計画情報についての記載がある．

### 6.3.2 パンフレット，小冊子

ポスター，チラシ同様，行政の発行したものから観光協会・観光公社，旅行会社，鉄道会社，航空会社などが発行したものまで多種多様なものがある．内容も多様で，誘発情報，選択情報を中心としたものから，計画情報，現地情報中心のものまである．観光者が旅行先や参加ツアーの決定後，さらには現地に行ってから手にするもの（前述の着地情報に該当），例えば，「るるぶFREE」（JTBパブリッシング）や，現地の出版社や観光局が発行する各種情報誌などは，現地で役立つものとして編集されており，内容的にはほぼ現地情報である．

### 6.3.3 テレビの旅関連番組

1959年から始まったテレビ番組「兼高かおる世界の旅」（TBS系）は，海外旅行がまだ高嶺の花だった当時（日本の海外旅行自由化は1964年である）の日本人になじみの薄い世界の各地を巡り，その国々の文化・歴史・風俗などを紹介することに貢献した．この番組を制作したTBSによれば，訪れた国の数は150カ国あまり，地球を180周した計算になる．31年もの長きにわたり放送され日本人

の海外への興味関心を引き付け，大いに人気を博した．

　また，1966年に始まった「すばらしい世界旅行」（日本テレビ系）は，1990年の放送終了まで24年間，主に欧米以外の国々を対象として1010回放送され，それらの国々の文化や暮らしを紹介し，海外旅行にあこがれる日本人にその素晴らしさを伝えてきた．テレビはこのようにして，海外旅行が大衆化するまでの間，日本にいながら世界旅行を実現させてくれる装置として機能してきたし，こうした番組に触発されて，海外に出向いた人も多かったと思われる．

　今日でも旅番組は，かつてのテレビ番組がそうだったように多くの国々の文化・歴史・風俗・暮らしを紹介してくれるとともに，観光情報として大きな役割を果たしている．

　角川書店が発行する『月刊ザテレビジョン』の関連Web（https://thetv.jp/）に掲載されている"旅番組・紀行番組・街歩き番組・散歩さんぽ番組まとめ［旅番組一覧］"には『遠くへ行きたい』（日本テレビ系），『小さな旅』（NHK総合），『世界ふれあい街歩き』（NHKBSプレミアム），『世界遺産』（TBS系），『大人のヨーロッパ街歩き』（BS日テレ）などの王道旅番組から，『世界ふしぎ発見』（TBS系），『出没！アド街ック天国』（テレビ東京系）などのバラエティー番組までの45番組が紹介されている．ここに掲載されたものの他にも，他分野の情報バラエティ番組内の企画コーナーや生活情報番組，ニュースに適宜設けられる，「紅葉だより」・「さくら開花情報」などといった情報コーナー，さらにはクイズ番組に登場する街や観光地に至るまで，さまざまな観光情報が流通している．

　計画情報，現地情報を中心に編集されたものが多いが，「テレビで見たあの街角や，あの世界遺産に行ってみたい」といった誘発情報，選択情報として機能することも多い．企画コーナーや，情報コーナーにおける観光情報も同様な機能を持つ．

　なお，テレビドラマのように「物語性」のあるものは，次の「映画・アニメ・小説」の範疇に入れ，ここでは除外する．


## 6. 3. 4　映画，漫画・アニメ，ドラマ，小説．（コンテンツ）

　映画や漫画，アニメ，ドラマや小説などの「コンテンツ」によって得られた「物語性」を動機とした観光行動をコンテンツツーリズムと言う．つまり，直

接的にはこれらのコンテンツが観光行動を誘発するが，コンテンツそのものに，計画情報や現地情報が含まれるものもある．なお，アニメや漫画などの作品において，物語の舞台やモデルとなった場所を巡ることを特に，「聖地巡礼」やアニメツーリズムと呼ぶ．また，コンテンツツーリズムの中でも特に映画やテレビドラマの舞台となったロケ地や，原作の舞台を巡る旅行形態をフィルムツーリズムやシネマツーリズムと呼び，代表例として映画『ローマの休日(Roman Holiday)』(1953年制作) について語られたものが多い．近年までは，ローマを紹介するガイドブックや雑誌の記事では，多くがこの映画について触れられていた．この映画の中でスペイン広場やトレビの泉，そしての真実の口（サンタ・マリア・イン・コスメディン教会）など，ローマの有名な観光地が登場した．ローマの魅力満載の映画としても有名であり，多くの人に憧れを抱かせ，これらスポットを回る現地ツアーなども造成された．

ニューヨークは，数多くの映画やテレビドラマの舞台になっているが，VELTRAが販売するニューヨーク現地ツアーのロケ地めぐりのジャンルに，"「スパイダーマン」「ティファニーで朝食を」の撮影地へ！人気映画＆ドラマ ロケ地観光ツアー"，"「セックス・アンド・ザ・シティ」を知り尽くしたガイドと行く！ロケ地巡りツアー"などの6つのツアーコースが設定されており映画やテレビドラマの撮影地やゆかりの地を巡る旅の人気の根強さが分かる．

### 6.3.5 雑誌・新聞

#### 6.3.5.1 旅行雑誌

旅行雑誌が各種販売されている．『旅の手帳』，『旅行読売』，『CREA TRAVELLER（クレアトラベラー)』，『TRANSIT（トランジット)』『ノジュール』や『じゃらん』の一連のシリーズものなど，主には月刊であるが，不定期発行のものも含めるとさまざまな年齢や旅の趣向にあわせたものがある．

これらに，ドライブ，ツーリング，登山，ハイキング，グルメなどのものを加えると，さらにその数が増える．

#### 6.3.5.2 その他の雑誌

雑誌には，ファッション雑誌，健康・生活雑誌，趣味・芸術雑誌，グルメ・料理雑誌，文芸・総合雑誌などさまざまな分野のものが発刊されている．観光

に関する記事は，特集などの形でこれらの雑誌にも掲載されることが多い．

　例えば，『サライ』（小学館）は，“心磨く旅奈良へ”を特集し，全編のほぼ半分をこれに充て，『BRUTUS』は“バンコク見る，買う，食べる，101のこと”，『婦人画報』は“ニュージーランド新時代のワインロード”，また『ミセス』（文化出版局）は，“画家，ゴッホの原点への旅”，“紅葉を愛でに金沢へ”（以上いずれも2019年10月発行分）などの観光情報を載せている．

### 6. 3. 5. 3　新聞

　新聞では，観光関連の記事や特集は，暮らし・文化面や地域面で取り扱われることが多いが，時に1面（総合）に取り上げられることもある．

　多くは誘発情報，選択情報であるが，計画情報や現地情報に言及されることもある．

### 6. 3. 6　ホームページ

　観光情報のホームページ（以下HPと略す）は国，都道府県，市町村，観光協会・観光公社，旅行会社など，さまざまな団体，企業が提供している．

　また情報としての機能も，それぞれの団体，企業がHPを運営する目的に応じて，誘発情報〜評価情報までのいずれかに該当するか，または複数以上に該当する．

　例えば，日本政府観光局が外国人観光客誘致のために開設しているHP，「JAPAN：the Official Guide」は，誘発情報，選択情報を中心に計画情報を含む構成になっている．

　また，鉄道路線・時刻検索並びに乗車券予約サイト，ホテル予約サイト，航空会社のサイトは，主に選択情報，計画情報として，口コミ情報には誘発情報から評価情報までの一連の観光情報が流通している．インバウンドサイトは，誘発情報〜計画情報で広く活用されている．

　それぞれの分野の代表的なHPを取り上げ説明する．

### 6. 3. 6. 1　鉄道路線・時刻検索並びに乗車券予約・販売サイト

　かつて利用する路線（鉄道，バス他）の調査や時刻の検索は時刻表（後述）が重要なツールとして機能してきた．しかし今日ではインターネット経由で情報を入手することが主流になっている．路線情報に特化したものとしてはYahoo

路線情報, ekitan (駅探), ジョルダン, NAVITIMEなどがある. また, 国内
国外を問わず各鉄道会社が提供しているサイトがあり, 指定席などのチケット
予約機能を有する物が多く存在する.

　ヨーロッパの鉄道チケットを日本語で予約購入できるものとして, レイル
ヨーロッパ公式サイトがある.

### 6.3.6.2　航空チケット販売HP

　インターネットをメディアとして活用し, 最も早い時期に飛躍的にチケット
の直販を成功させたのが航空業界である. 日本では, 2000年6月に日本航空 (旧
日本航空) がインターネットを利用した直販システムを立ち上げた. それを皮
切りとして, 他の航空会社各社も追随した.

　その後, 航空各社のWebサイトは, 本来の航空券の発売や空席照会といっ
た機能にプラスして, 系列旅行会社のサイトとの総合化などによって旅のポー
タルサイトを実現している.

　また, スマホでの利用を促進させるためのアプリの開発も活発に行われてお
り, 例えば日本航空 (JAL) ではホームページの機能の多くをスマホ向けに最
適化された「JALアプリ」などのアプリを提供している.

### 6.3.6.3　海外航空券・格安航空券の検索・予約

　複数の航空会社の海外航空券を検索し予約することができる.「DeNAトラ
ベル」,「エクスペディア (expedia)」,「フリーバード (FreeBird)」,「サプライス
(Surprice)」,「スカイスキャナー (Skyscanner)」などのほかに, 大手旅行会社な
らびに大手旅行会社系列のサイトがある.

　これらのサイトでは販売するチケットを格安航空券と称することが多いが,
提供されるものの多くは航空会社の正規割引料金であり, いわゆる "格安航空
券" の販売は多くない. また, 航空券販売に限定するサイトは限られ, 多くは
ホテル予約などの機能を有する.

　これら多くはアプリも提供するところが多い.

### 6.3.6.4　宿泊予約HP

　代表的な宿泊予約サイトとしては,「じゃらん」,「トラベルコちゃん」,「る
るぶトラベル」,「一休.com」,「Yahoo!トラベル」,「Agoda」,「マップルトラベ
ル」,「Hotels.com」,「Booking.com」, 前述の「エクスペディア」, 大手旅行会

社ならびに大手旅行会社系列のサイトなどがある．また，170カ国，3万3000件のホステルの予約ができる「Hostelworld」がある．

　宿泊サイトのシステムは，利用者がホームページにアクセスし，宿泊日時・場所などの必要な条件を入力することで，その時点で宿泊可能な施設の一覧が表示されるようになっている．多くは宿泊者の口コミを掲載しているので，利用者はそれらを参考にすることができ，希望するホテルの選択を行い，その場で，予約が完了する．

　また，アプリを提供するところが多い．

### 6. 3. 6. 5　口コミHP

　近年では，さまざまな旅行関連サイトに口コミが掲載されているし，また各種SNSによる口コミの流通が盛んである．

　いまや世界的に有名になった「ウユニ塩湖」（ボリビア）はSNSの投稿によって有名になったと言われているし，日本国内でも，近年SNS投稿がきっかけとなって観光客が訪れるようになった事例が多く存在する．

　口コミ情報には誘発情報から評価情報までの一連の観光情報が流通している．

　口コミを中心とした情報提供を行っているサイトとしては，「トリップアドバイザー」と「フォートラベル」が有名である．

　「トリップアドバイザー」は，7億9000万件（2019年10月現在）を超える口コミ情報が掲載されているとともに掲示板での情報交換ができる．ホテルやレストラン，観光名所の写真なども数多く載せられている．口コミを参照しながら，「エクスペディア」などと連携した航空券予約，宿泊予約などを，比較し予約することができる．

　「フォートラベル」は，日本最大級の旅行クチコミサイトであり，クチコミとランキングから人気のエリアを調べることや国外，国内のホテル予約サイトから最安値を検索することができる．また，航空券やツアーを比較検討できる機能を持つ．なお，「トリップアドバイザー」，「フォートラベル」ともに，アプリがある．

### 6. 3. 6. 6　インバウンドHP

　トリップアドバイザーは多くの訪日外国人観光客が，来日前に参考にしてい

ると言われているが，「Michelin Travel-Japan Travel Guide」，「JapanGuide」，「Japan Travel .com」，「MATCHA」などのサイトが訪日観光客の主に選択情報や計画情報に有用なサイトとして使われており，取り上げられた観光地が外国人観光客で賑わうなどの影響力は大きい．

　また，JNTO日本政府観光局が運営するサイト「Japan」は，訪日外国人向けに日本の観光情報を提供するサイトである．14カ国語に対応した情報サイトを開設している．

### 6. 3. 6. 7　安全で快適な旅をするための情報

　安全で快適な旅をするためにはさまざまな安全情報を適宜入手することが大切である．この種の情報としては，治安・政治情報，衛生・病気・ケガ・病院情報，習慣・マナー情報，気象情報（台風情報，地震情報，津波情報など），テロ情報などが考えられる．

　感染症については，首相官邸ホームページが公開している「海外で注意しなければいけない感染症」一覧があり，主な感染源，注意すべき病気，予防方法，主な症状など7カテゴリー，22の病気について記載されている．

　また，外務省「世界の医療情報」には，世界7地区（アジア，北米，中南米，欧州，太平洋，中東，アフリカ）147カ国の公館の住所・電話番号，医務官駐在公館，衛生・医療事情一般，かかり易い病気・怪我，健康上心がける事，予防接種（ワクチン接種機関を含む），病気になった場合（医療機関など）などの情報が掲載されている．

　公安調査庁の「テロ情報」も重要な情報源になる．

　そうした情報を集約したサイトが，外務省の「海外安全ホームページ」であり，危険情報（感染症危険情報を含む），スポット情報，広域情報などからなる．

　危険情報は，渡航・滞在にあたって特に注意が必要と考えられる国・地域に発出される情報で，その国の治安情勢やその他の危険要因を総合的に判断し，それぞれの国・地域に応じた安全対策の目安を知らせるもので，対象地域ごとにレベル1の「充分注意してください」から，レベル4の「待避してください．渡航は止めてください．（退避勧告）」までの4つのカテゴリーによる安全対策の目安が冒頭に示され，危険情報を出している地域ごとの詳細な治安情勢や具体的な安全対策などのきめ細かい情報が提供されている．

　感染症危険情報も併せて出されており，これは新型インフルエンザなど危険度の高い感染症に関し，渡航・滞在にあたって特に注意が必要と考えられる国・地域について発出される．危険情報同様に 4 つのカテゴリーの表記とともに，カテゴリーごとの表現に収まらない感染症特有の注意事項を，状況に応じて付記している．

　「スポット情報」は，特定の国や地域において日本人の安全に関わる重要な事案が生じた際，あるいは生じる可能性がある場合に速報的に出される情報で，テロや紛争に関する情報のように日本人の生命に深刻な影響を及ぼすものから，感染症など深刻な病気となる恐れのあるものまでの多種多様な情報が提供される．

　「広域情報」は，複数の国や地域にまたがる広い範囲で注意を必要とする事態が生じた際に注意を呼びかけるもので，例えば，国際テロ組織の動向に関する情報などのように，広く注意を呼びかけるものである．

　これらは，基本的には現地情報であるが，選択情報や計画情報としても重要な役割をもつ．

　また2015年 7 月から，緊急時に在外公館などから緊急時情報の提供を受けられる海外旅行登録システム「たびレジ」が公開された．アプリ版もあり，滞在する国や地域に対する海外安全情報が発出された場合にプッシュ通知で受信することが出来る．


## 6. 3. 7　スマートフォン

　ここではスマートフォンと記したが，具体的にはスマートフォンによるインターネットのHP閲覧やアプリの利用である．前者についてはインターネットHPのところで触れているので，ここでは後者について触れることにする．

　観光庁「訪日外国人旅行者の国内における受入環境整備に関するアンケート」（2018年）において，「旅行中困ったこと」（複数回答）の回答結果で最も多かった施設等のスタッフとのコミュニケーションが取れない」（20.6％）に次いだのが，「無料公衆無線LAN環境」（18.7％）であった．

　つまりこれは，観光者がスマートフォンなどをWiFiに接続し，情報を得ながら観光行動を行っているということの証でもある．

スマートフォンのアプリは多種多様で，特に観光者に限定して作られたものではないが，観光情報のすべてのプロセス，つまり誘発情報～評価情報において活用できるものが提供されている．

ここでは主に現地情報として活用することを想定して，その一部について検討する．

### 6. 3. 7. 1　地図情報

何種類もの地図アプリが存在するが，代表的なものとして「グーグルマップ」がある．

現在地の地図表示，目的地の検索，交通状況や路線図の表示，目的地までの徒歩ルートの検索，乗換案内などの機能を持つ．

### 6. 3. 7. 2.　グルメ情報

グルメ情報を口コミから入手するなら，前述の「トリップアドバイザー」や「フォートラベル」のアプリが重宝される．また，「イェルプ（Yelp）」は，アメリカのレストラン口コミサイトで，現在地付近のレストラン検索や，価格帯の絞り込みができる．

レストラン予約では，海外レストラン予約・グルヤクなど実用的なアプリがある．

前述の「グーグルマップ」は現在地付近の飲食店の検索ができる．

### 6. 3. 7. 3.　天気予報

例えば，「AccuWeather.com」は，海外270万カ所を超えるエリアの天気予報が確認できる．曜日ごとや，時間ごとの天気，最低・最高気温などが確認できる．

### 6. 3. 7. 4.　翻訳

「グーグル翻訳」や「VoiceTra」などがある．

前者は，100以上の言語に対応しており，音声翻訳や手書き文字翻訳，スマホで撮影した写真の翻訳などができる．またオフラインでの利用にも対応している．

後者は，旅行会話用の翻訳アプリで，旅行会話の精度が高い．30カ国語に対応している

## 6.3.8　観光ガイドブック

観光ガイドブックは,観光の目的地の観光資源・観光施設,アクティビティー,食べ物,土産物などの情報,該当観光地へのアクセス・現地での移動手段(鉄道,航空,バス,タクシー,その他)などとともに,地形,気候,動植物,歴史,文化,経済,通貨,言語,服装などの情報を提供し,観光者に便宜を与えるものである.

そのため,選択情報,計画情報,現地情報を中心に,一連の観光情報を掲載するものが多い.

### 6.3.8.1　観光ガイドブックの始まり

ヨーロッパでは,ナポレオン戦争の終了(1815年)による社会の安定と,中産階級の増加によって,余暇としての近代的なツーリズムが広まりを見せ始めた.それにあわせるように,この頃ドイツ人のカール・ベデカーが「ベデカ」として『ライン川案内』を1828年に出版し,またイギリス人のジョン・マレーが1836年に「マレー」として『大陸案内』を出版しており,この2つが近代的な観光ガイドブックの始祖とされる.

日本においては,1896(明治2)年の「関所廃止令」や鉄道の開業などを契機として近代的な観光旅行が一挙に展開することになる.

明治の中期ごろに発行された日本で最初の近代的な観光ガイドブックは,明治時代の山陽鉄道によるものといわれる.その後,鉄道院や鉄道省が中心となって,『鉄道院線沿道遊覧地案内』(1911年),『日本案内記』(1929年),また,ジャパン・ツーリスト・ビューローからは,『旅程と費用概算』(1920年)が刊行され,これらが日本のガイドブックの原型になった.

### 6.3.8.2　現代の日本のガイドブック

現在主流のガイドブックは,その形態からムック本型(るるぶ・まっぷるなど)と小冊子型(地球の歩き方・ワールドガイドなど)と携帯型(ブルーガイド・ポシェ,タビトモ,地球の歩き方[ぷらっと]など)に分類することができる.日本国内のムック本型ガイドブック市場をほぼ独占しているのが,『るるぶ』と『まっぷる』であり,日本の観光ガイドブックの代名詞的な存在である.いずれも,AB判やワイド判と呼ばれるもので,カバンに入れて持ち歩くには少し大きいサイズである.一方,小冊子型の多くはA5サイズであり,持ち歩きにも配慮された大きさであるが,いずれも後に述べる情報網羅型であるためにページ数が増え,

かさばることも多い. これらに対し, ますます市場規模を拡大する傾向にあるのが携帯型であり, 持ち歩きに便利なように体裁がコンパクトにできている. 『るるぶ』にも一回り小さな「ちいサイズ」シリーズが登場し, 『まっぷる』も同様に「miniシリーズ」を登場させている.

　また, 内容からは, 観光トレンド重視型, 情報網羅型, 特定ニーズ対応型などに分類することができる. 『るるぶ』と『まっぷる』は, 観光トレンド重視型の代表格であり, その時代時代の観光の趨勢, 潮流, 流行を色濃く反映した内容となっている. 情報網羅型はまさしく情報の網羅性に特徴があり, 掲載される街の数の多さでは随一であるし, 交通, 宿泊, 食事などの他, 地域の風習や歴史・文化, 気候, 治安などの情報も載せられている. 『地球の歩き方』(ダイヤモンド社), 『ワールドガイド』(JTBパブリッシング), 『ブルーガイドわがまま歩き』(実業の日本社), 『トラベルデイズ』(昭文社), 『ハレ旅』(朝日新聞出版) などがある.

　特定ニーズ対応型で, 近年多く出版されているのは, 「女子旅」をテーマとしたものである. 持ち歩きに便利な携帯型のものが多い. 『ことりっぷ』(昭文社) はターゲットを「女子」に絞り込み, 2008年に国内旅行のガイドブックから刊行をスタートさせ, 2009年からは海外旅行版も追加している.

　『地球の歩き方』も, "旅好き女子のためのプチぼうけん応援ガイド" として『aruco』を発刊している. 『ララタッチ』(JTBパブリッシング) のコンセプトも "大人カワイイ女子旅案内" である.

　その他にも, 『まっぷる家族でおでかけ (関東周辺, 関西など)』は, 0歳から小学生程度の子供がいる家族を対象としたガイドブックであり, 『るるぶペットとおでかけ』や『まっぷるペットといっしょ』などは, ペットとでかける観光旅行を対象としたものである. また, 『まっぷるドライブ (北海道, 関東など)』は自家用車でのドライブ観光を対象としたものである. さらに, 『車で気軽にバリアフリー旅』(JTBパブリッシング) や, 『バリアフリー温泉で家族旅行』(昭文社) のようにバリアフリー観光に対応するものもあり, ムック本型として刊行されているものが多い.

　また, 近年の「聖地巡礼」の人気の高まりを受けて, 『アニメ探訪 真 聖地巡礼ガイド』(聖地巡礼委員会) や『アニメ聖地88Walker2019 ウォーカームック』

（アニメツーリズム協会）が発刊されている.

　特定ニーズ対応型のガイドブックは, 上掲したもの以外にもさまざまなニーズに対応したものが出版されており, それらはそれぞれの観光の在り方に応じて必要となる情報が収集され掲載されている.

### 6. 3. 8. 3　絶景本, BEST本

　近年「絶景本」や「BEST本」が, 書店の観光本コーナーに多くの見られるようになった. 多くの場合1ページから4ページ程度までである地域の特徴的な風景（絶景）が紹介され, 併せて簡単なアクセスや気候などの情報が掲載されている.『死ぬまでに行きたい！世界の絶景』（三才ブックス）,『WONDER SPOT──世界の絶景・秘境100──』（成美堂）,『世界の絶景パレット100』（永岡書店）,『いつかは行きたい一生に一度だけの旅BEST500』（日経ナショナルジオグラフィック社）,『5日間の休みで行けちゃう！美しい街・絶景の街への旅』（A-Works）などがある.

　これらは上述のガイドブックとは異なり, 誘発情報, 選択情報としての機能に特化したものであると言える.

### 6. 3. 8. 4　時刻表

　時刻表は, 観光を含め旅行に欠かせない情報源である. 航空会社, バス会社, 船会社が独自で発行するものも多く, それらは無料配布されることが多い.

　ヨーロッパで,『トーマスクック・ヨーロッパ鉄道時刻表』の初版が発行されたのは, 1873年3月のことである. 初号は無料で配布されたが, その後, 季刊になり, さらに1883年1月から月刊となった.『トーマスクック・ヨーロッパ鉄道時刻表』は2013年8月で廃刊となったが, その後, 当誌の編集者たちが設立した会社「ヨーロピアン・レイル・タイムテーブル社」が版権を引き継ぎ,『ヨーロッパ鉄道時刻表』として, 販売が継続されている.

　商業書籍の時刻表は, 世界的にもすでに廃刊になったものが多いが, 日本では,『JTB時刻表』（JTB）,『JR時刻表』（交通新聞社）がいずれも月刊で発刊されている.

　時刻表は, 基本的には計画情報, 現地情報として活用されているが, 選択情報の機能を有する場合もある.

### 6. 3. 9　メディア複合型

　観光キャンペーンは，観光情報としての機能は主に誘発情報であり，広くさまざまな年齢層に周知する必要があるため，複数のメディアを用いて行われる．これをここでは，「メディア複合型」と呼ぶ．

　代表的な観光キャンペーンとして「デスティネーションキャンペーン」がある．デスティネーション（Destination）とは，目的地・行き先の事であるが，JRグループ6社（北海道，東日本，東海，西日本，四国，九州）と地方自治体・観光関係団体などが協力して実施する，国内最大級の大型観光キャンペーンであり，メディア複合型として展開される．2019年秋は，新潟県・庄内エリアのデスティネーションキャンペーンが，「日本海美食旅（ガストロノミー）」として実施された．

　また，JR東海が1993年から実施している「そうだ京都行こう．」は極めて秀逸なキャンペーンである．毎年春と秋（時に夏も）に実施されているが，ポスター・チラシ，パンフレット，テレビCMなどの媒体を駆使するメディア複合型であり，主に首都圏や名古屋圏の観光客を京都に誘致することを目的にしている．

　また，JR西日本は，関西の私鉄やバス会社と共に観光客向けのキャンペーンを実施しているが，「なつの奈良旅キャンペーン」は，奈良市，公益社団法人奈良市観光協会，JR西日本，近鉄，奈良交通が共同して，2013年度から連続して7年目の実施となった．


## お わ り に


　本章で取り上げた項目，また取り扱った事例は，観光情報とメディアに関わる実用的な一面に過ぎないが，当面知っておくべき事項については，ほぼ網羅している．

　ここで明らかなことは，観光情報が，いわゆる観光ガイドブックや旅行会社などから発せられる情報だけではないということである．さまざまなメディアがさまざまな場面で観光情報を発信し，また，今日では個人が発する情報が観光者の行動のさまざまな側面に影響を与えていることについても理解する必要がある．

　観光者は，個人が発する情報を含め，各種のメディアから複合的に，誘発情

報～評価情報までの一連の観光情報を入手し，それに刺激され，またそれを参考にして観光行動を行っているのであり，観光における情報とメディアの役割は，極めて重要である．

追記）　本章において紹介したHP，アプリ，書籍・雑誌などについて個々のURLや出版情報については紙面の都合から省略した．検索サイトなどからURLなどの情報を入手して活用してほしい．

　　　　なお，本章の記述において，これらのHPや書籍などから得た情報をもとに記述した部分もあるのでここに明記する．

## 参考文献

IPSOS「インバウンド観光における Instagram の役割」〈https://www.ipsos.com/sites/default/files/ct/publication/documents/2019-03/instagram-inbound-tourism-jp.pdf〉.

SMBC コンシューマーファイナンス株式会社「30代・40代の金銭感覚についての意識調査2018」〈http://www.smbc-cf.com/news/datas/chousa_180306.pdf〉.

北川宗忠（2008）『「観光」交流新時代』サンライズ出版.

谷口知司編著（2010）『観光ビジネス論』ミネルヴァ書房.

谷口知司・福井弘幸編著（2017）『これからの観光を考える』晃洋書房.

観光庁（2018）「訪日外国人旅行者の国内における受入環境整備に関するアンケート」.

# 第7章　観光対象としての観光資源

## は じ め に

『観光対象としての観光資源』への理解を深めることを目的に，本章は4つの観点から構成している.

7.1「観光資源」では，観光対象としての観光資源に関する研究者諸説，基本法改正と観光資源，観光資源の定義に関する見解他，観光資源を多角的に考察する．7.2「観光資源の分類」では，これまでの諸説を整理統合，観光資源を広義に解釈し類型化する．7.3「観光資源の保護・評価・開発・活用」では，観光資源を多面的に考察する．7.4「観光資源と観光人材」では，観光資源に関わりを持つ人材とその人材領域を明示する.

## 7.1　観光資源

### 7.1.1　観光対象としての観光資源

「観光資源」の語は，国が鉄道省（現在の国土交通省）の外局に国際観光局を設けた際（1930年），「resources for tourism」を和訳としたことにはじまるとされている．ここでは「観光対象」と「観光資源」の関係を観光研究者の諸説から解釈する.

「観光資源とは，自然風景や社寺仏閣などを見学したり，異文化に触れ，体験や学習を行い，あるいはレクレーションを楽しむなど，日常生活を逃れ，人々の基本的欲求を満たすことのできる観光対象をいう」（北川　2008）．「観光対象とは，観光客の欲求を喚起したり，充足させたりする目的物のことであり，その素材として観光資源が存在する．観光対象と観光資源の関係について，観光

対象の素材として観光資源を捉えている」（岡本・越塚 1978）．「観光者の行動論のように観光資源が主観で決まる対象物と判断する限りでは，まとまったものなのか単体なのかを論ずることは意味をなさない」（香川 2007）．などの説や指摘がある．

　本章では，「観光対象」と「観光資源」の関係を「観光資源とは，観光対象の素材」と解釈し，以下考察を深めることにする．

### 7. 1. 2　基本法改正と観光資源

　観光の基本的な考えを示した観光基本法（1963年法律第107号）を改正，観光立国推進基本法（2006年法律第117号）は2007年1月1日に施行された．

　観光立国推進基本法では，国は観光立国の実現に関する施策を総合的に策定・実施する責務，また地方公共団体も同様の責務を有することとなった．観光事業者には観光立国の実現に主体的に取り組むことを求め，住民は観光立国の意義を理解し，魅力ある観光地形成へ積極的に役割を果たすように努めることとしている．国家総力を結集し，観光立国へ取り組む姿勢が示されている．

　観光立国推進基本法への改正により，観光資源の捉え方に新たな視点が付加されている．旧基本法（観光基本法）では，第1条項・第14条項内に「観光資源の保護，育成及び開発」を図るために必要な施策を講ずる国の姿勢が示されたが，新基本法（観光立国推進基本法）では，第13条項内に「観光資源の活用，観光資源の保護,育成及び開発」と明記され,旧基本法では用いられなかった『観光資源の活用』の文言が新たに加えられた．地域の観光資源を活かした魅力的な観光地形成を図るために必要な施策を講ずるとする新たな視点が示されている．更に，第23条項内には『新たな観光旅行の分野の開拓』の文言が登場，体験活動等を目的とする観光旅行，心身の健康の保持増進のための観光旅行，その他の多様な観光旅行の形態の普及など，『新たな観光旅行の分野の開拓』に必要な施策に関する具体策が示され，観光立国への道を本格的に歩み出す姿勢を鮮明に打ち出している．

　新基本法への改正では，旧基本法の「保護」・「育成」・「開発」を中心とした施策から，観光資源を「活用」・「開拓」する施策への傾斜が見られ，観光立国への強い意思を示唆する内容に変容したと捉えることができる．

表7-1 基本法改正と観光資源

| 観光基本法【1963年】 | |
| --- | --- |
| 第1条<br>(抜粋) | 観光資源の保護,育成及び開発の施策を講ずることにより,国際親善の増進,国民経済の発展及び国民生活の安定向上に寄与し,あわせて地域格差の是正に資することにあるものとする. |
| 第14条 | 国は,史跡,名勝,天然記念物等の文化財,すぐれた自然の風景地,温泉その他産業,文化等に関する観光資源の保護,育成及び開発を図るため必要な施策を講ずるものとする. |
| 観光立国推進基本法【2006年】 | |
| 第13条 | 国は,観光資源の活用による地域の特性を生かした魅力ある観光地の形成を図るため,史跡,名勝,天然記念物等の文化財,歴史的風土,優れた自然の風景地,良好な景観,温泉その他文化,産業等に関する観光資源の保護,育成及び開発に必要な施策を講ずるものとする. |
| 第23条 | 国は,新たな観光旅行の分野の開拓を図るため,自然体験活動,農林漁業に関する体験活動等を目的とする観光旅行,心身の健康の保持増進のための観光旅行その他の多様な観光旅行の形態の普及等に必要な施策を講じるものとする. |

(出所) 各基本法に基づき,筆者作成.

### 7.1.3 観光資源の定義

　「観光資源」そのものの定義はいまだ明らかにされておらず,観光研究者の諸説からは観光資源を厳密に規定する必要性は大きくないと考えられる.観光資源の定義に関する議論は結論に至っている状況にはないが,「観光資源」は日常的に用いられる文言として広く一般化されている.

　「観光資源は多種多様であるとともに社会経済の変化にともなって流動的となるため,その全体像を明確に示すことはできないし,またその内容を厳密に規定する意義もあまりない」(中崎 1996).「社会環境の変化や情報をはじめとする技術進歩などによって,いまや旅行者も含めて,地域資源の観光資源化が容易になっている.もちろん,今後も,効果的な観光資源化を進めていく必要はあるが,少なくとも『利用』の視点から見る限り,観光資源を分類する意義は小さくなっている」(森重 2011).「観光資源はその捉え方によって,自然観光資源にも人文観光資源にも見做すことができる.むしろ,観光資源は地域社会のさまざまな価値を内包していることから,複数の価値を持ち合わせていると考えた方が妥当であろう.現状は,観光資源の分類に基づいて地域の要素が観光資源化されているというよりも,分類方法にかかわらず,社会や価値観の変化に合わせて,次々と新たな地域の要素が観光資源化されている状況にある」

（森重 2011[1]）など，観光資源の定義に関わる説や指摘がある．

# 7.2 観光資源の分類

　観光資源を規範化する法制度が存在しないなか，また人の意識のなかに観光資源が存在する状態にあるとされるなか，本章では，人間の力による再生可能性の有無を境界とした『自然観光資源』・『人文観光資源』の2つの領域に観光資源を大別，『人文観光資源』領域内を「文化的資源」・「社会的資源」・「観光支援基盤」に細分化，更には「有形資源」・「無形資源」に分類した．これまでの先行研究を踏まえて観光資源を広義に解釈し類型化している．

### 7.2.1　自然観光資源

　『自然観光資源』は観光対象となる自然素材であり，人間の力による再生が難しく，自然の回復力に委ねるしかない観光資源である．個体として認識される「有形資源」，総体として認識される「無形資源」を領域内に分類した．『自然観光資源』は，人為が加わらない現象・状態から視覚的・体感的に得られる効用を観光者に提供している．

### 7.2.2　人文観光資源

　『人文観光資源』は観光対象となる人文素材であり，人間の力による再生・修復・継承が基本的に可能な人間及び人為の所産とされる観光資源である．個体として認識される「有形資源」，総体として認識される「無形資源」を領域内に分類した．『人文観光資源』は，人間の知的洗練や精神的進歩とその成果，産物，行動様式，生活様式（衣食住）から視覚的・体感的・知覚的に得られる効用を観光者に提供している．

#### 7.2.2.1　文化的資源

　「文化的資源」の代表格と言われる『文化財』は，人の文化的な営みにより生み出された貴重な事物及び事象とされ，有形文化財（天然記念物，有形民族文化財他）・無形文化財（伝統的建造物群保存地区，選定保存技術他）がある．文化財の保護・保存を目的とした文化財保護法では，重要な建築物，絵画，演劇，音楽，

**表 7 - 2　観光資源の分類**

| | 自然観光資源 | 人文観光資源 | | | |
| --- | --- | --- | --- | --- | --- |
| | | 文化的資源 | 社会的資源 | 産業的資源 | 観光支援事業者 |
| 有形資源 | 山岳<br>高原<br>原野<br>湿原<br>湖沼<br>峡谷<br>滝<br>温泉<br>河川<br>海岸<br>岬<br>島嶼<br>岩石・洞窟<br>動物<br>植物 | 史跡<br>社寺<br>城跡・城郭<br>庭園・公園<br>碑・像<br>名勝<br>天然記念物（自然観光資源以外）<br>伝統的建造物群<br>伝統美術工芸<br>有形民族文化財<br>動物園<br>植物園<br>博物館<br>美術館<br>水族館 | 近代構築物<br>都市建造物<br>都市公園<br>教育・社会・文化施設<br>娯楽・健康施設<br>スポーツ施設<br>テーマパーク・遊園地<br>レクリエーション施設<br>リゾート施設<br>近現代の美術，芸術，工芸他 | 産業観光（農林業・水産業・畜産業他）<br>産業博物館・資料館<br>総合産業公園<br>産業文化財（産業遺産他）<br>生産現場，工場施設<br>エネルギー関連施設（風車・水車・水道・ダム・発電所他）<br>交通・通信関連施設（駅・空港・港・通信設備・灯台他） | 鉄道（豪華列車，ローカル線他）<br>旅客船（クルーズ船，遊覧船，川下り他）<br>航空（航空機材，ヘリコプター他）<br>旅客自動車（バス，水陸両用車他）<br>ロープウェイ，ケーブルカー<br>宿泊施設（旅館・ホテル・ゲストハウス他）<br>食事提供施設（地産地消材他）<br>観光土産販売施設（地域特産品他） |
| 無形資源 | 自然現象<br>気象<br>風景<br>気候・風土<br>天体観測<br>音<br>風光 | 自然景観<br>郷土景観<br>田園景観<br>歴史景観<br>歴史的風土<br>歴史的風致地区（風土記・丘他）<br>年中行事（祭，花火大会他）<br>無形民族文化財（音楽，技術）<br>民話，能楽，演劇他 | 都市景観<br>国民性，民族性<br>人情，風俗他<br>生活様式（地域特有の衣食住他）<br>芸能，芸道，スポーツ他（観戦含む）<br>各種イベント（音楽フェス，演奏会，コスプレ大会他） | 産業景観<br>産業体験（農林業，水産業，畜産業他）<br>産業，専門技術他 | |

(出典)　下記資料に基づき，筆者作成.
・足羽洋保（1994）「観光資源」足羽洋保編『観光資源論』ミネルヴァ書房.
・細野光一（1994）「感動をよぶ観光資源」財団法人日本交通公社調査部編『観光読本』東洋経済新報社.
・須田寛（2003）『新・観光資源論』交通新聞社.
・溝尾良隆（2009）「観光資源と観光地の定義」溝尾良隆編『観光学の基礎』原書房.

年中行事，古墳遺物などが指定されている．更に，近現代的な文化的所産とされる動物園・植物園・博物館・美術館・水族館を「文化的資源」領域内に分類した．

### 7. 2. 2. 2　社会的資源

「社会的資源」は，近現代における社会活動・余暇活動などを目的とした人の社会的な営みにより生み出された有形資源（建造物，諸施設，美術，芸術，工芸他）・無形資源（国民性，民族性，人情，風俗，民話，地域特有の生活様式〈衣食住〉，都市景観，イベント他）がある．「文化的資源」（前述7.2.2.1）との境界を示す厳格な基準は持ち得ていないが，近現代的な社会的所産を「社会的資源」領域内に分類した．

### 7. 2. 2. 3　産業的資源

「産業的資源」は，第一次産業（農林業・水産業・畜産業他）を「見る」「知る」「体験する」，第二次産業（先端技術・生産システム・近代的工業施設他）を「視察する」「見学する」，また専門技術を「学ぶ」「体験する」，第三次産業（空港サービス・港湾サービス他）を「見学する」「学ぶ」「体験する」など，知的好奇心を刺激する効用を観光者に提供している．社会貢献活動（CSR）の一貫として取り組む営利を目的とした事業者だけではなく，非営利事業者も同様に「産業的資源」領域内に分類した．

### 7. 2. 2. 4　観光支援事業者

「観光支援事業者」は，あくまで観光者の観光行動を支援すること主に担う事業者ではあるが，観光資源化（目的地化）され得る可能性を持つ事業者を「観光支援事業者」領域に想定した．観光対象の素材として，観光資源と見做される事業者は多く存立しており，諸説あるなか異論もあろうが「観光支援事業者」を観光資源の一領域に捉えている．旅客輸送業（鉄道・旅客船・航空・旅客自動車他），宿泊施設（旅館・ホテル・ゲストハウス他），食事提供施設，観光土産販売施設などの事業者を「観光支援事業者」領域内に分類した．


### 7. 2. 3　法規制による観光資源

観光を非日常的な体験とするならば，日常が規制されることにより，非日常的な体験をもたらす所産が生まれることになる．本章では，国家間における法制度の相違が生み出す所産として記しておきたい．

　賭博関連では，競馬・自転車競技・モーターボート・宝くじ・パチンコは国内法制度により事業運営が認められているが，カジノは国内法制度化されたものの事業運営は現況認められておらず，国外でしか味わうことが出来ない（非日常的な体験），日本人観光者の楽しみの1つとして観光対象の素材となり得ている．一方，かつて沖縄県を代表する観光資源として知られた「ハブとマングースの決闘ショー」は，動物愛護に関する法規制の強化により現在は消滅している．国家間における法制度の相違により観光対象の素材となり得た「射撃」（米国他）・「闘牛」（スペイン）・風俗・猥褻・食物・薬物など，これら負の側面を持つ所産を観光資源として捉えることは道義上差し控えたいと考えている．

# 7.3　観光資源の保護・評価・活用・開発

### 7.3.1　観光資源の保護

　観光資源を直接的に保護する法制度が存在しないなか，『観光関連』領域の基軸とされる国内法制度「観光基本法（1963年）」「観光立国推進基本法（2006年）」をはじめ，多様な国内法制度や国際条約が観光資源を間接的に保護する状況にある．

　1975年に発効された「ラムサール条約」「ワシントン条約（絶滅のおそれのある野性動植物の種の国際取引に関する条約）」「世界遺産条約」などの国際条約は，行き過ぎた経済至上主義への警告を背景に，多くの国々に支持され，観光資源を間接的に保護する国際的な効力を発揮し続けている．一方，観光資源に関わる主な国内法制度では，『自然環境関連』領域に「温泉法」（1948年），「自然環境保全法」（1972年），「環境基本法」（1993年）他，『社会・文化関連』領域に「文化財保護法」（1947年），「博物館法」（1951年），「古都保存法（古都における歴史的風土の保存に関する特別措置法）」（1966年）他，保護・保存・保全・管理を目的に国内法制度（法律）が施行されてきた．そもそも観光資源を直接的に保護することを目的としたものではないが，観光資源を間接的に保護する状況にあるといえる．

　21世紀以降，『自然環境関連』領域に「エコツーリズム推進法」（2007年），『社会・文化関連』領域に「文化芸術振興基本法」（2001年），「特定複合観光施設区

表7-3　観光資源に関わる主な国際条約・国内法制度

| 領　域 | 国際条約・国内法制度 | 施行・発効 |
|---|---|---|
| 観光関連 | 観光基本法 | 1963年 |
| | 観光立国推進基本法 | 2006年 |
| 自然環境関連 | 温泉法 | 1948年 |
| | 森林法 | 1951年 |
| | 自然公園法 | 1957年 |
| | 自然環境保全法 | 1972年 |
| | 動物の愛護及び管理に関する法律 | 1973年 |
| | 【国際条約】ラムサール条約 | 1975年発効（日本1980年） |
| | 【国際条約】絶滅のおそれのある野生動植物の種の国際取引に関する条約（通称：ワシントン条約） | 1975年発効（日本1980年） |
| | 【国際条約】世界遺産条約 | 1975年発効（日本1992年） |
| | 環境基本法 | 1993年 |
| | 鳥獣の保護及び管理並びに狩猟の適正化に関する法律（通称：鳥獣保護法） | 2002年 |
| | エコツーリズム推進法 | 2007年 |
| 社会・文化関連 | 文化財保護法 | 1947年 |
| | 興業場法 | 1948年 |
| | 博物館法 | 1951年 |
| | 都市公園法 | 1956年 |
| | 古都における歴史的風土の保存に関する特別措置法（通称：古都保存法） | 1966年 |
| | 明日香村における歴史的風土の保存及び生活環境の整備等に関する特別措置法 | 1970年 |
| | 文化芸術振興基本法 | 2001年 |
| | 景観法 | 2004年 |
| | コンテンツの創造，保護及び活用の促進に関する法律 | 2004年 |
| | 特定複合観光施設区域の整備の推進に関する法律（通称：IR推進法） | 2016年 |
| | 特定複合観光施設区域整備法（通称：カジノ法案） | 2018年 |

（出所）　筆者作成.

域の整備の推進に関する法律（通称：IR推進法）」（2016年），「特定複合観光施設区域整備法（通称：カジノ法案）」（2018年）など，観光資源を「活用」・「開拓」する観点を持つ国内法制度（法律）が施行されはじめている.

### 7.3.2　観光資源の評価

　観光資源の今日的な評価は，①公的機関（国際的な機関を含む），②事業者（営利・

非営利組織），③一般人，これら3つの評価主体者が観光資源の評価（コメントを含む）を担っているといえる．

　①公的機関（国際的な機関を含む）による評価では，国際連合教育科学文化機関（通称：ユネスコ）の世界遺産登録制度は，文化遺産（歴史上，芸術上，学術上）・自然遺産（観賞上，学術上）の客観的な評価基準を根拠に登録する仕組みであり，観光資源を直接的に評価するものではないことがわかる．文化・学術・教育など公益性の観点から説明がなされており，観光資源の観点で所産を捉えておらず，観光資源の評価に間接的な作用を及ぼしているにすぎないといえる．一方，日本の文化資源（国宝，重要文化財，都道府県・市町村指定の文化財他）・自然資源（特別名勝・特別天然記念物他）は，その資源が持つ誘致力を評価基準に分類・ランク化（特A級～C級），観光資源を直接的に評価する一指標とされている．

　②事業者（営利・非営利組織）による評価では，フランスのタイヤメーカー「ミシュラン」が世界で最も権威あるガイドブックを発刊，観光地・宿泊施設・食事提供施設の直接的な評価は世界的に信頼を得ている．一般的に広く知られる宿泊施設（ホテル・旅館を中心に）を星数で格付け・ランク化する手法は，評価基準が標準化されず客観性に欠けるとされ，評価主体者の裁量による主観的な見解が多いようである．

　③一般人による評価では，一般人による「コメント（口コミ）」投稿の評価が社会的信用を得るなか，ICT（情報通信技術）の進展による新たな相互コミュニケーションの場が形成されてきた．観光地を訪問した，サービスを享受した，旅行者（一般人）による「コメント（口コミ）」投稿は，旅行者自らが感じた観光資源への主観的な見解ではあるが，これから旅に出掛けようとする観光者行動へ作用を及ぼす評価として存在感を示しはじめている．

　時代変遷と共に観光資源が有する魅力は変化するものではあるが，それら評価主体者の社会的影響力が①公的機関（国際的な機関を含む）から②事業者（営利・非営利組織）③一般人へ移り変わる様相となり，世界的に信頼を得る「ミシュラン」ガイドブックの評価情報，ICT（情報通信技術）進展による「コメント（口コミ）」投稿の評価情報他，評価主体者（②③）の直接的な評価情報が観光資源そのものの評価に強く作用を及ぼす時代となってきた．

表7-4 観光資源の評価基準

| ランク | 内 容 | 自然資源 | 文化資源 |
|---|---|---|---|
| 特A級 | わが国を代表する資源でかつ世界にも誇示いうるもの，わが国のイメージ構成の基調となりうるもの． | ●国立公園に属するもの<br>●特別名勝<br>●特別天然記念物 | ●国宝<br>●特別史跡 |
| A級 | 特A級に準じ，その誘致力は全国的で観光重点地域の原動力として重要な役割をもつもの． | ●国定公園に属するもの<br>●名勝<br>●天然記念物 | ●国宝<br>●重要文化財<br>●史跡 |
| B級 | 地方スケールの誘致力をもち，地方のイメージ構成の基調となりうるもの． | | |
| C級 | 主として都道府県民および周辺地域住民の観光利用に供するもの． | ●都道府県立自然公園に関するもの<br>●都道府県指定の名勝<br>●都道府県指定の天然記念物 | ●都道府県指定の文化財<br>●市町村指定の文化財 |

(出所) 下記資料を筆者一部修正．
・細野光一（1994）「感動をよぶ観光資源」財団法人日本交通公社調査部編『観光読本』東洋経済新報社．
・中崎茂（1996）「観光資源」香川眞編『現代観光研究』嵯峨野書院．

## 7.3.3 観光資源の開発・活用

　地域の特性を生かした魅力的な観光地形成，また新たな観光旅行の分野開拓へむけて，時代は新たな局面を迎えている．

　日本経済成長期（20世紀後半）にみられた，ゴルフ場・スキー場・リゾート地・別荘地などのレジャー・レクレーション施設の乱開発は自然環境破壊を加速させた主要因とされ，過去の苦い経験から観光資源の「開発」・「活用」には慎重な対応が今日求められている．「持続可能な開発目標（SDGs）」の観点を持ち，自然環境に配慮した「サスティナブル・ツーリズム（持続可能な観光）」を念頭に置いた観光資源の「開発」・「活用」が当然視される時代となった．

　サスティナブル・ツーリズム（持続可能な観光）とは，「観光主体（観光者）と観光対象（自然・社会など）が，本来の姿や価値を損なうことなく，保全，存続，育成されるように配慮した観光振興の形態をさす．」（多方 2008）代表的なツーリズム形態として知られる「エコ・ツーリズム」「グリーン・ツーリズム」他，阪神淡路大震災跡・東日本大震災による津波被害跡の観光資源への活用など，「持続可能な観光資源」として捉えることができる．地域社会の意図とは無関

表 7-5　宝活用の 5 段階

| 段　階 | | 内　容 |
|---|---|---|
| 探 | 宝を探す | 地域固有の自然，歴史，文化，産業，人などの資源を地域住民自身が発掘・再発見する |
| 磨 | 宝を磨く | 発掘・再発見された宝を保存・伝承・発展させるための活動 |
| 誇 | 宝を誇る | 宝の価値を認識し，地域の中で価値認識を共有するための活動 |
| 伝 | 宝を伝える | 地域の外に向かって，宝を発信するための活動 |
| 興 | 宝を興す | 宝を活用して産業に結びつけるための活動 |

（出所）　真板昭夫・比田井和子・高梨洋一郎（2010）『宝探しから可能な地域づくりへ』学芸出版社.

係に観光資源化を推進すべきではないが，将来への教訓を示す「負の遺産」として，また経済的効果・地域社会の一体感高揚にむけては「持続可能な観光資源」への意義を見出すことは可能であると考えられている.

　地域に眠る資源（宝）を探し出し，宝を活用して産業化へ結びつける，「宝活用の 5 段階」は新たな観光資源の「活用」・「開発」の手法として良く知られている.「宝興しの達成による地域の文化的・経済的活性化を目標とし，そこに向かって宝の潜在力を引き出すことによって地域づくりの事業を推進していく過程を段階的に分け，理念的に表したものである. この段階は理念的なものであることから，実際の事業推進にあたっては，「探す」作業を基礎とし，他の作業は「磨く」と「誇る」作業を繰り返しフィードバックさせて「伝える」「興す」へと展開するなど，宝の特性や宝の位置づけにより，また「宝探し」の目的により，並行やフィードバック，繰り返しなどの自在な展開を行い得る.」（真板ほか 2010）

　魅力的な観光地形成及び新たな観光旅行分野の開拓へむけた地域に眠る資源（宝）を活かす試みは，「宝活用の 5 段階」に示される一連の事業を計画的・段階的に進め検証を繰り返すことにより，地域経済へ好影響をもたらすと考えられている.

# 7.4　観光資源と観光人材

### 7.4.1　観光人材の分類

　観光資源の保護・評価・開発・活用を担う人材とは，一体どのような人のことを指すのか.「地域外・地域内」,「営利・非営利」の観点から，〈1〉観光産業，〈2〉観光関連産業，〈3〉関連団体の3領域に分類，観光に関わる事業を担う従事者及びその組織構成者を「観光人材」と位置づけた.

〈1〉観光産業 領域

　観光に関わる事業（観光産業・地域観光）を直接的に担う営利事業者.

【観光産業，主な6事業者】（社団法人日本旅行業協会 2010）

　旅行業，宿泊・サービス業，運輸業，テーマパーク・観光施設業，イベント・コンベンション業，観光土産業

〈2〉観光関連産業 領域

　観光産業以外の他産業に属するが，観光に関わる事業を直接的または間接的に担う営利事業者.

【観光関連産業，主な18事業者】（社団法人日本旅行業協会 2010）

　調査研究サービス業，人材派遣業，保険業，クレジットカード業，銀行業，娯楽・スポーツ施設業，飲食店業，小売業，農林水産業，地域特産製造業，商社・貿易業，道路貨物輸送業，写真業，広告業，新聞・出版業，情報・ITサービス業，映像制作業，放送業

〈3〉関連団体 領域

　主に地域社会への貢献・地域経済振興の観点から，観光に関わる事業を直接的または間接的に担う地域内の非営利事業者.

【関連団体，主な11事業者】（社団法人日本旅行業協会 2010）

　NPO法人，行政機関，公共施設・公共サービス，政治団体，学術・文化団体，労働団体，経済団体，環境・自然保護団体，調査研究団体，社会教育施設，学校教育機関

「観光人材」領域は，これまで観光事業を直接的に担う人材「観光産業（領域1）」が中心であったが，21世紀初頭より，地域内の観光に関わる事業を直接

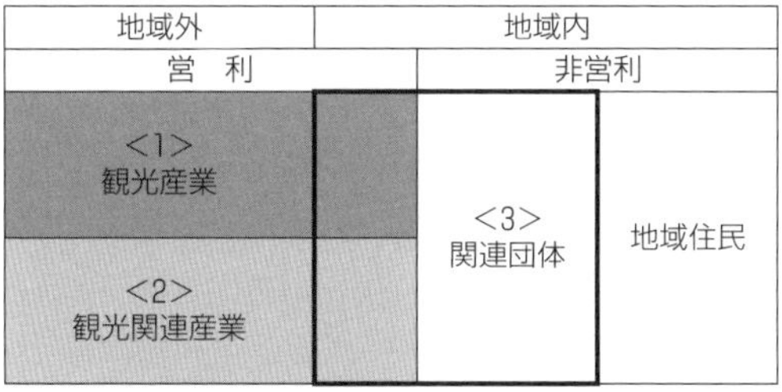

| 地域外 | 地域内 | |
|---|---|---|
| 営　利 | 非営利 | |
| <1><br>観光産業 | <3><br>関連団体 | 地域住民 |
| <2><br>観光関連産業 | | |

（出所）　下記資料を筆者一部修正.
　　　　福本賢太（2016）「観光人材の分類に関する考察」『第31
回日本観光研究学会全国大会 研究発表論文集』.

**図7-1　観光人材の分類**

的または間接的に担う地域内の人材「観光産業・観光関連産業・関連団体（地域内の領域123）（図7-1　観光人材の分類）太枠内」領域が急速に拡大してきている. 地域観光を担うリーダー格「観光カリスマ」他，多様な事業従事者及び組織構成者が観光に関わる諸事業を担いはじめている. 民主導型，官主導型，官民協働型など，地域の事情により形態は異なるが，地域の課題を解決し地域社会に貢献しようとする気概ある人達の存在感が際立つようになってきた. 地域内の観光資源と医療・アニメ・映画などを掛け合わせたニューツーリズム事業の創出，地域の観光事業者や住民を支援するコミュニティービジネスの創出，地域を1つの集合体として取り組む観光まちづくりプラットフォームの構築など，裾野広がる事業を担え得る多様な「観光人材」の育成が望まれている.

### 7. 4. 2　観光地経営体（日本版DMO）の登場・現況

前述（7.4.1）した「観光産業・観光関連産業・関連団体（地域内の領域123）（図7-1）太枠内」領域を中心に，地域観光を担う新たな観光地経営組織「観光地経営体（日本版DMO)」が2016年に登場した.

国（観光庁）は，「「日本版DMO」は，地域の「稼ぐ力」を引き出すとともに地域への誇りと愛着を醸成する「観光地経営」の視点に立った観光地域づくりの舵取り役として，多様な関係者と協同しながら，明確なコンセプトに基づいた観光地域づくりを実現するための戦略を策定するとともに，戦略を着実に実施するための調整機能を備えた法人です」[2]と説明している. またJTB総合研究

所は,「DMOとは,観光物件,自然,食,芸術・芸能,風習,風俗など当該地域にある観光資源に精通し,地域と協同して観光地域作りを行う法人のこと.Destination Management Organization(デスティネーション・マネージメント・オーガニゼーション)の頭文字の略.DMCはDestination Management Company(デスティネーション・マネージメント・カンパニー)の略[3]」と解説している.

　地方創生の動きに呼応し,「観光地経営体(日本版DMO)」創設の動きは全国的に広まり,観光地経営組織としての法人登録数は「広域連携DMO10件,地域連携DMO69件,地域DMO57件の計136件(2019年8月7日時点)[4]」,地方を中心に新たな観光地経営の仕組みが動き始めている.

## お わ り に

　地方創生の動き(「まち・ひと・しごと創生法」2014年法律第136号)は,国主導から地域主導へ,地域に眠る素材の観光資源化の動きが加速を続けるなか,急増する「インスタ映え」を意識した観光者行動への対応,体験を重視する「コト消費」への対応,訪日外国人旅行者(インバウンド)への対応など,地域自らが諸策を講じ対応していかなければならない時勢になったといえる.

　観光資源は時代変遷と共に変化するものではあるが,特にICT(情報通信技術)進展の影響は大きく,これまでの観光資源の現実的な領域を超え,非現実な仮想領域を観光資源化させる様相も見せはじめている.本章では観光資源の領域外との扱いとしたが,スマートホンアプリの「ポケモンGO」などに見られる現象他,VR(仮想現実)を体験できる施設の登場など,ICT(情報通信技術)の利活用による新たな観光事業の創出が今後期待されている.

　予測困難な時代をむかえ,激しい環境の変化へ対応し続けた事業者と地域だけが生き残ることができるとされる将来,地域内の観光資源で稼ぐ社会の実現へむけては,地域観光を担う多様な「観光人材」者間による継続的な価値創造活動が鍵を握ると考えられる.

**注**
1)ルビは筆者による.

２）観光庁「政策について『日本版DMOとは？』」〈www.mlit.go.jp/kankocho/page04_000048.html〉最終更新日：2019年 8 月 7 日，2019年 9 月28日取得．

３）JTB総合研究所「観光用語集『DMO』」〈https://www.tourism.jp/tourism-database/glossary/dmo/〉2019年 9 月28日取得．

４）観光庁「政策について」『日本版DMO候補法人』〈www.mlit.go.jp/kankocho/page04_000054.html〉2019年 9 月28日取得．


**参考文献**

足羽洋保（1997）『観光資源論』中央経済社．

足羽洋保（1994）「観光資源」足羽洋保編『観光資源論』ミネルヴァ書房．

岡本伸之・越塚宗孝（1978）「観光対象と観光資源」前田勇編『観光概論』学文社．

香川眞（2007）「観光資源と観光開発」香川眞編・日本国際観光学会監修『観光学辞典』木楽社．

北川宗忠（2008）「観光資源」北川宗忠編『観光・旅行用語辞典』ミネルヴァ書房．

社団法人日本旅行業協会（2010）「ツーリズム産業の範囲」『数字が語る旅行業2010』社団法人日本旅行業協会．

須田寛（2003）『新・観光資源論』交通新聞社．

多方一成（2008）「サスティナブルツーリズム」北川宗忠編『観光・旅行用語辞典』ミネルヴァ書房．

高橋一男（2017）『DMO観光地経営のイノベーション』学芸出版社．

高橋光幸（2014）「観光資源の定義と分類に関する考察」『富山国際大学現代社会学部紀要』第 6 巻．

寺前秀一（2006）『観光政策・制度入門』ぎょうせい．

中崎茂（1996）「観光資源」香川眞編『現代観光研究』嵯峨野書院．

福本賢太（2016）「観光人材の分類に関する考察」『第31回日本観光研究学会全国大会　研究発表論文集』．

福本賢太（2016）「地域創造を支える観光人材」NPO法人関西観光力ネットワーク・関西編『地域創造マネジメント』学芸出版社．

細野光一（1994）「感動をよぶ観光資源」財団法人日本交通公社調査部編『観光読本』東洋経済新報社．

真板昭夫・比田井和子・高梨洋一郎著（2010）『宝探しから持続可能な地域づくりへ』学芸出版社．

溝尾良隆（2009）「観光資源と観光地の定義」溝尾良隆編『観光学の基礎』原書房．

森重昌之（2011）「観光資源の分類の意義と資源化プロセスのマネジメントの重要性」『阪南論集人文・自然科学編』Vol.47 No.2 ．

# 第**8**章　持続可能な開発目標（SDGs）と持続可能な観光（サステナブルツーリズム）

## は じ め に

　観光資源は，観光を支える重要な要素の1つであるが，その観光資源の保全を脅かしかねない地球規模での社会環境や自然環境の悪化や破壊，開発が進んでいる．このような背景を踏まえ，国連は，2015年に発展途上国，先進国の区別なく人類社会全体の目指すべき姿を示した持続可能な開発目標（Sustainable Development Goals：以下SDGs）を採択した．

　本章ではSDGsと持続可能な観光について概観する．構成は，8.1でSDGsに至る歴史的変遷と持続可能な観光との関係について整理し，8.2で持続的可能な観光の概念，およびその基準と評価指標について検討する．8.3では持続可能な観光の阻害要因の1つであるオーバーツーリズムの概念とその対策の取り組み事例を紹介し，おわりにで今後の展望を示すこととする．

## 8.1　SDGsに至る歴史的変遷と持続可能な観光について

### 8.1.1　SDGsに至る歴史的変遷と観光

　環境問題が議論されるようになったのは，産業革命が進み工業都市が成立した20世紀初頭のころである．欧州，米国，そして日本でも工場からのばい煙や汚水の排出が問題になっていた．戦後，1945年の国際連合発足から国際社会の主な議題は「戦争・平和・経済・開発・人権」であったが，1960年代〜1970年代初頭に入るにつれ環境問題が大きくクローズアップされはじめた（竹林ほか2019：20）．

　1980年に国際自然保護連合，国連環境計画，世界自然保護基金による「世界

保全戦略」が発表された．そこには，自然環境と自然資源が保全されなければ自然の一部として存在する人間に未来はなく，数億人にのぼる発展途上国の人びとの貧困を救うための開発が行わなければそうした環境保全も達成できない，ということが強調されている．ここで初めて自然環境保全を大前提としながら，経済発展を目指す「持続可能な開発（Sustainable Development）」という概念が提唱された（藤稿 2018：3）．

1984年には，経済発展と環境保全との両立をすすめるため「環境と開発に関する世界委員会（World Commission on Environment：WCED，通称：ブルントラント委員会）[1]」が活動を開始した．

そして，1987年に「Our Common Future（われわれの共有の未来）」を発表した．そこには，持続可能な開発の定義として「将来世代のニーズを満たす能力を損なうことなく，今日の世代のニーズを満たす開発」と記されており，これにより世界的にこの概念が広まった（竹林ほか 2019：21）．

1992年，リオデジャネイロでの国連環境開発会議（以下：地球サミット）において「環境と開発に関するリオ宣言」と「アジェンダ21[2]」が採択され，さらに環境保全にとって重要な「気候変動枠組み条約[3]」と「生物多様性条約[4]」への署名が開始された（藤稿 2018：13）．アジェンダ21が採択されて以降，各国・各国際機関による環境問題解決への具体的行動が本格的に始まり，1994年に197の国・機関が「気候変動に関する国際連合枠組み条約」を締結し，1997年には「地球温暖化防止京都会議（COP 3）[5]」が開かれ，温室効果ガス排出規制に関する国際的な合意を形成し，法的拘束をもつ文書として京都議定書が採択された（竹林ほか 2019：21-22）．

アジェンダ21は，40の章に整理された115におよぶ優先行動分野で構成されているが，その中に「観光」という項目はない．これを補ったのが1995年に世界観光機関（WTO）[6]，世界旅行産業会議（WTTC），地球会議（Earth Council）の3者が作成した「観光のためのアジェンダ21（Agenda21 for Travel & Tourism Industry）」である（WTO et al. 1995：80）．そこでは，アジェンダ21の総合行動計画を観光関連企業用に固有の行動計画として示している（表8-1）．これにより観光分野でも本格的に環境問題へ取り組みがスタートした．

これに続き，1999年のWTO総会において「世界観光倫理憲章」が採択された．

表8-1　「観光のためのアジェンダ21」における観光関連企業の行動のための10の優先分野

| |
|---|
| （1）廃棄物の最小化・再利用・リサイクル |
| （2）エネルギーの節約・効率的利用・適正管理 |
| （3）水資源の適正管理 |
| （4）排水の適正処理 |
| （5）危険物の適正処理 |
| （6）運輸問題 |
| （7）土地利用の計画・管理 |
| （8）環境課題へのスタッフ・顧客・コミュニティの参加誘導 |
| （9）持続可能な開発のための設計 |
| （10）持続可能な開発のためのパートナーシップ |

（出所）　WTO et al. (1995) *Agenda 21 for Travel & Tourism Industry*, p. 82.

　これは地球サミットで採択されたアジェンダ21で表明された原則を踏襲し，世界の環境，文化遺産，社会に与える潜在的な悪影響を最小限にしながら観光産業の発展を最大限に引き出すことを目的とし，各国政府，観光業界，地域社会，旅行者などの全てのステークホルダーが，責任ある持続可能な観光を実現するための規範としている．この規範の普及および実施活動は，現在もUNWTOの実施する最も重要な事業の１つとされている（UNWTO駐日事務所 2019a）．

　一方，2001年から「ミレニアム開発目標（Millennium Development Goals：以下MDGs）」が，前年の国連ミレニアム宣言のビジョンを具体化する形で動き出した．これは「アジェンダ21」の行動指針を引き継ぎつつも，より具体的な目標が定められたもので，8つの目標と21のターゲットから構成され2015年に達成を約束するものであった（藤稿 2018：14）．

　2012年に開催された国連持続可能な開発会議（以下リオ20）[7]の目的は，地球サミットの進捗を評価するであったが，その結果は芳しいものではなく，MDGsの成果としても極度の貧困人口の半減など経済発展の成果を享受できない人口減には改善がみられたが，環境の側面では限りがあった．つまり，視線は途上国の状況改善に注がれていて，先進国は自分事視していなかった（小林 2019：7）．

　その反省からMDGsの達成期限であった2015年9月に「国連持続可能な開発

サミット」で採択されたのが「我々の世界を変革する：持続可能な開発のための2030アジェンダ」である．それにはSDGsも含まれており，2015年までのMDGsをベースに持続可能な開発目標として策定され，17の目標と169のターゲットで構成され，2030年までに達成することを確認したものである．そして，先進国にも環境の側面を充実させる目標と行動が示されている（国際連合広報センター 2015）．

### 8.1.2 SDGsと持続可能な観光

UNWTOは，SDGsのすべての目標に対し，観光には直接的，間接的に貢献する潜在能力があり，特に目標8，12，14に含まれるターゲットに観光が明記され，重要な役割を担っているとしている（UNWTO駐日事務所 2015a）（図8-1），（表8-2）．そして，2015年12月の国連総会において，観光の役割に対する認識を広めていくために2017年を「持続可能な観光国際年（International Year of Sustainable Tourism for Development：以下IY2017)[8]」とすることが決定された．

また，UNWTOは，観光が脆弱な生態系や文化にマイナスの影響を及ぼす可

（出所）UNWTO (2018a). *TOURISM FOR SDGS* 〈http://tourism 4 sdgs.org/〉2019年8月30日取得.

**図8-1　TOURISM FOR SDGS**

能性があることを指摘した上で，IY2017を契機に短期的な経済的利益を得るための環境利用を抑制し，地域固有の生態系や文化保全を通じて長期的な利益につなげていくように提唱している（中島 2017：10）．

### 表8-2　持続可能な開発目標（SDGs）と観光が明記されたターゲットの概要

| 持続可能な開発目標（SDGs） | 概　　要 |
|---|---|
| 目標1　（貧困） | あらゆる場所でのあらゆる形態の貧困を終わらせる． |
| 目標2　（飢餓） | 飢餓を終わらせ，食料安全保障及び栄養改善を実現し，持続可能な農業を促進する． |
| 目標3　（健康な生活と福祉） | あらゆる年齢のすべての人々の健康的な生活を確保し，福祉を推進する． |
| 目標4　（教育） | すべての人に包摂的かつ公正な質の高い教育を提供し，生涯学習の機会を促進する． |
| 目標5　（ジェンダー平等） | ジェンダー平等を達成し，すべての女性と女児の能力強化を行う． |
| 目標6　（水と衛生の保全） | すべての人々の水と衛生の利用可能性と持続可能な管理を確保する． |
| 目標7　（エネルギー） | すべての人々の，安価かつ信頼できる持続可能な近代的なエネルギーへのアクセスを確保する． |
| **目標8　（雇用と経済成長）** | 包摂的かつ持続可能な経済成長及びすべての人々の完全かつ生産的な雇用と働きがいのある人間らしい雇用（ディーセント・ワーク）を促進する． |
| ターゲット8.9 | 2030年までに，雇用創出，地方の文化振興・産品販促につながる**持続可能な観光業**を促進するための政策を立案し実施する． |
| 目標9　（インフラと産業，技術革新基盤） | 強靭（レジリエント）なインフラ構築，包摂的かつ持続可能な産業化の促進及びイノベーションの推進を図る． |
| 目標10　（不平等の是正） | 各国内及び各国間の不平等を是正する． |
| 目標11　（安全な都市と居住） | 包摂的で安全かつ強靭（レジリエント）で持続可能な都市及び人間居住を実現する． |
| **目標12　（持続可能な生産と消費）** | 持続可能な生産消費形態を確保する． |
| ターゲット12.b | 雇用創出，地方の文化振興・産品販促につながる**持続可能な観光業に対して持続可能な開発がもたらす影響を測定する手法を開発・導入**する． |
| 目標13　（気候変動対策） | 気候変動及びその影響を軽減するための緊急対策を講じる． |
| **目標14　（海洋資源，生態系）** | 持続可能な開発のために海洋と海洋資源を保全し，持続可能な形で利用する． |
| ターゲット14.7 | 2030年までに，**漁業，水産養殖及び観光の持続可能な管理などを通じ，小島嶼開発途上国及び後発開発途上国の海洋資源の持続的な利用**による**経済的便宜**を増大させる． |
| 目標15　（森林の生態系） | 陸域生態系の保護，回復，持続可能な利用の促進，持続可能な森林の経営，砂漠化への対処，ならびに土地の劣化の阻止・回復及び生物多様性の損失を阻止する． |
| 目標16　（平和と公正） | 持続可能な開発のための平和で包摂的な社会を促進し，すべての人々に司法へのアクセスを提供し，あらゆるレベルにおいて効果的で説明責任ある包摂的な制度を構築する． |
| 目標17　（パートナーシップ） | 持続可能な開発のための実施手段を強化し，グローバル・パートナーシップを活性化する． |

（出所）　環境省（2018）「持続可能な開発目標（SDGs）活用ガイド（資料編）」を基に筆者作成．〈https://www.env.go.jp/policy/SDGsguide-siryo.rev.pdf〉2019年8月30日取得．

　そして，IY2017の取り組み指針となっているのがSDGsである．今後も成長が見込まれる観光分野に対してSDGsへの貢献の期待は大きく，①包摂的で持続可能な経済成長，②社会的包括性／雇用創出と貧困削減，③資源の有効活用・環境保全と気候変動への対処，④文化的価値・多様性と伝統への配慮，⑤相互理解・平和と安全の分野での観光の貢献が，IY2017の目標に具体的に盛り込まれている（UNWTO 2017）．

　日本でもこれらを受け，2018年6月に観光庁に「持続可能な観光推進本部」が設置され本格的な取り組みがはじまっている．

　このように観光は，SDGsのすべての目標に対し直接的，間接的に貢献する潜在能力を有するとともに，マイナスの影響を及ぼす可能性もあることから，観光が持続可能であるためにもSDGsを推進してゆかなければならない．

# 8.2　持続可能な観光の概念とその基準および評価指標について

### 8.2.1　持続可能な観光の概念

　前述（8.1.1）のように「持続可能な開発（Sustainable Development）」は，自然環境保全を大前提としながら経済発展を目指すという概念である．

　井田（2019：13-14）は，生態系と生物多様性の側面から，SDGsが目指す持続可能な社会の基礎には健全な生態系つまり自然環境系があり，これなしには持続可能な社会は実現不可能であるとし，自然環境系の4つの目標（目標6，13，14，15）が，その他の社会と経済に関連する目標の実現をもたらす基礎になるとしており，自然環境系の目標の重要性を指摘している．

　藤稿（2018：26）は，持続可能な開発の文脈から，持続可能な観光を包括的かつ明確に定義することは難しいとした上で，シンプルには経済的側面，社会文化的側面，環境的側面を内包していると理解すること，すなわち環境保全をしながら，観光地の社会や文化に悪影響を及ぼさずに経済的利益をもたらすということを同時に行う必要があるとしている．

　世界規模で拡大してきた観光産業は，自然環境や社会環境の持続可能性が担保されなければその存在自体が脅かされるにもかかわらず，これまであまり注視してきたとはいえず，経済的側面を重視してきたことは否めない．しかしな

がら，自然環境や社会環境の持続可能性を維持するためには，それらの保全を大前提としながらも保全のための再投資の経済的利益は必要であろう．

　UNWTOは最新の持続可能な観光の定義を「訪問客，産業，環境，受け入れ地域の需要に適合しつつ，現在と未来の環境，社会文化，経済への影響に十分配慮した観光」としている（UNWTO駐日事務所 2015b）．

　これは，前述の藤稿が指摘しているように，観光地の社会や文化に悪影響を及ぼさずに経済的利益をもたらすということを現在から未来に同時に行うことを示唆しているものであり，本章の概念も同様の立場をとることとする．

### 8. 2. 2　持続可能な観光の基準と評価指標

　持続可能な観光へ取り組みは，一様でなくそれぞれの国，地域や市町村などによってさまざまである．

　例えば，自然景勝地，世界遺産や文化財などを有し，既に観光地として認知され，観光客が集中している国，地域や市町村は，自然環境や住民生活環境の保全を考慮し環境負荷を最小化して持続可能な観光を目指さなければならない．逆に，アフリカ，南米やアジアなどの最貧困国では，環境の負荷低減以上に貧困軽減を中心に最低限の水の確保，インフラ整備，教育の普及など経済発展を促進する持続可能な観光を目指さなければならない．

　このように持続可能な観光を実現するためには，まず関係者がその概要や基準，評価指標を理解する必要がある．それには，国連，国，地域および各種関連組織などが示している政策関係文書やガイドラインなどを利用し，それらを明確化することが有効であろう．

　具体的に政策関係文書は，前述のように1995年に世界観光機関など三者が作成した「観光のためのアジェンダ21」，1999年にWTO総会で採択された「世界観光倫理憲章」，2017年の「IY2017の目標」などがある．

　また，世界共通の基準として「持続可能な観光の国際基準（Global Sustainable Tourism Criteria）」がある．その認証機関である世界持続可能観光協議会（Global Sustainable Tourism Council：以下GSTC）は，世界的な会員制協議会であり，政府，国連関係組織，学術研究所，社会・環境NPO，認証プログラム，その他，世界の環境保護及び地域社会などを支援するため，MDGsの目標であった地球規

模の課題に対応して持続可能な観光業や宿泊業などの観光産業向けと観光地向けの基準を規定している．

　その基準は，持続可能な観光のあり方に関する共通理解を得られるように，どのような観光業や宿泊業も達成することを目指す最低限の4つの主要な基準を示し（①持続可能性の高い計画の実施，②地域住民の社会的・経済的利益の最大化，悪影響の最小化，③文化遺産の活性化，④環境負荷の低減），評価を実施している（GSTC, n.d.）．他に国際認証機関としてグリーングローブ（Green Glove）[9]がある．

　以上のような文書やガイドラインに法的拘束力はないが，持続可能な観光の実現に向けて，観光関連事業者はもとより行政，地域住民など関係者が，その概要や基準，評価指標を理解するには有効である．

# 8.3　持続可能な観光とオーバーツーリズムについて

　UNWTO駐日事務所（2019b）によると，世界の国際観光到着数は拡大の一途にあり，2017年は前年比7.0％増の13億2600万人を記録し，国際観光の輸出総額[10]は約1兆6000億ドルに達し，世界の輸出区分において，観光は科学，エネルギーに次ぐ第3位であり自動車関連を上回っている．今後も世界の国際観光到着数は増加し，2030年に世界の国際観光到着数は18億人に達し，観光は世界の経済の発展を牽引していくとしている．

　日本においても，2018年の訪日外国人旅行者数は，前年比8.7％増の3119万2000人と初めて3000万人を超え，観光消費額も4兆5000億円に達した．政府は観光を地方創生の柱として位置づけ，訪日外国人旅行者数目標2020年4000万人，2030年6000万人を掲げ取り組んでいる（観光庁 2019a）（観光庁 2019b）．

　一方，世界各国の観光地では，観光客の特定地域への集中や急激な外国人旅行者の増加による自然環境・生態系への悪影響，騒音，公共交通の混雑などを起因として，地域資源の破壊や質の低下，生活環境の悪化など，環境負荷の増大による観光の持続性が危惧されている．政府，マスコミや研究者などは，このような現象を「観光公害」，いわゆる「オーバーツーリズム」としている．

## 8. 3. 1　オーバーツーリズムの概念

「観光公害」の用語について，後藤（2019：5）は「わが国では，『観光公害』という用語が1960年代には使用されており，近年では『オーバーツーリズム』と同義の用語として使用されることが多くなった」としている．

UNWTO（2018b：4-5）は，「オーバーツーリズムという言葉は，2016年に米国の旅行業界向けメディア『スキフト』によって使用され，定義については，『観光地や観光資源，その観光地で暮らす住民の生活の質および（あるいは）旅行者の体験の質に対し観光が過度に与えるネガティブな影響』」としている．また，UNWTO（同書）は，その「過度」の程度を示す用語である「観光環境許容量」の概念を，「一部の観光地において自然環境，経済，社会文化に悪影響を与えることなく，そして観光客の満足度を下げることなく同時期に訪問できる最大の観光客数を観光環境許容量（Tourism Carrying Capacity）とし，同時に観光に携わるものにとって大きな課題である」としている．

高坂（2019：100-101）は，「観光公害」と「オーバーツーリズム」という用語には，厳密な定義はないとした上で，観光地の環境許容量（Carrying Capacity）を超過した環境資源の過剰利用（Overuse）とその結果生じる問題事象を指す用法が一般的であるとし，観光地の生活環境や日常的な社会・経済活動にダメージがおよぶ現状の新しい事象を重くみて「観光公害」としている．

また，藤稿（2018：44-46）は，観光環境許容量には観光地における収容可能容量と保護区や自然地域における観光活動の環境容量の2つの文脈があり，それらを混同してこの用語が使われていると指摘している．

前者は，交通機関や宿泊施設など収容力を数値として算出できるものと，観光地におけるごみ処理の最大容量，騒音の許容範囲，犯罪率，地域経済の変動，観光客の地域での消費額など算出は容易ではないものがあるが，算出が容易でないものも，さまざまな要素を個別に試算することで当該観光地における観光環境許容量はわかるが，算出は容易ではないとしている．

後者は，自然環境をいかに劣化させず持続可能に利用してゆくかであり，自然環境と観光活動の関係性を十分に事前調査した上で自然環境などの変化の許容限界を設定し，管理してゆくことが必要だとしている．

また，観光庁（2018：111）は，「特定の観光地において，訪問客の著しい増加

等が，市民生活や自然環境，景観等に対する負の影響を受忍できない程度にもたらしたり，旅行者にとっても満足度を大幅に低下させたりするような観光の状況は，最近では『オーバーツーリズム (overtourism)』と呼ばれるようになっている」としている．

　「オーバーツーリズム」の概念としては，まだ議論のあるところであるが，本章では従来の観光地の環境資源や生活環境に負荷を与えていた事象を表す「観光公害」の概念を包含し，近年の訪日外国人旅行者の急増や特定の観光地への観光客の集中による観光資源の過剰利用の結果，観光環境許容量を超し，新たに顕在化したさまざまなネガティブな事象とする．

### 8.3.2　オーバーツーリズム対策の取り組み事例

　オーバーツーリズム対策の取り組みは，既に世界各国や日本で取り組まれ，多くの先行研究で事例が取り上げられている[11)]．

　高坂（2019：102-107）は，観光公害，つまりオーバーツーリズムの発生地のタイプを人気観光拠点型，リゾート型，希少資源型の３つに類型化して可能な対策を示しており（表8-3），観光庁（2019c：1-3）は，持続可能な観光の推進に向けた対策を11類型に整理し，事例を対応させ示している[12)]．

　ここでは，高坂の類型化を参考にリゾート型のピピレイ島（タイ），希少資源型の竹富島（沖縄），人気観光拠点型のバルセロナ（スペイン）および京都市の事例を紹介する．

　また，先行研究では観光事業者の取り組み事例はあまり多く取り上げられていないため，総合リゾート運営会社「星野リゾート」を紹介する．

#### 8.3.2.1　リゾート型のピピレイ島と希少資源型の竹富島の事例

　タイの有名な海洋リゾート地であるピピレイ島は，2000年のレオナルドディカプリオ主演のハリウッド映画「ザ・ビーチ」で世界的に有名なり，年々観光客が増加し環境破壊が進み海洋生態系回復のために，2018年の６月からビーチを閉鎖している．観光客数は，2014年に約14万3000人だったが，2017年には約199万人，2018は１月〜５月で約188万7000人に達している（国土交通省 2019：6）．

　ピピレイ島閉鎖により年間約４億バーツ（約14億円）の収入を失うため当初は地元の反対も強かったという（Sustainable Japan, 2018）．対応として，天然資

表8-3　観光公害の発生地のタイプ

| タイプ | 代表例 | 特徴 | 可能な対策 |
|---|---|---|---|
| 人気観光拠点型 | ベニス バルセロナ 京都 | ・アクセスが便利なため観光客数の総量規制は困難 ・インフラや周辺開発も進んでおり，分散のための選択肢が多彩 | ・周辺観光地への誘導 ・入場制限（人数／期間限定，事前登録／予約） ・高額な入場・利用料 ・一定範囲の立入規制 |
| リゾート型 | モルディブ ツェルマット | ・アクセスが不便なため総量規制は一定程度可能 ・インフラの未整備，狭小な面積等により汚染の蓄積，過剰開発の恐れ | ・アクセス手段（船便等）の制限 ・高額な入場・利用料／ホテルコスト ・一定範囲，期間限定の立入禁止 ・行動規制（ボートの停泊，マイカー規制） |
| 希少資源型 | 富士山 ヒマラヤ ガラパゴス | ・資源の希少性，棄損された場合の修復・清掃等の困難さのため限られた観光客数であっても慎重な管理が必要 | ・アクセス規制（入場許可制） ・高額な入場・利用料，税の賦課 ・行動規制（外部植生の持ち込み禁止等） |

（元資料）　新聞報道などに基づき日本総合研究所作成.
（出所）　高坂晶子（2019）「求められる観光公害（オーバーツーリズム）の対応——持続可能な観光立国に向けて——」『JRIレビュー』6（67），日本総合研究所，p.102.

源を管轄している林野庁が「自然保護が先で，観光客が来て自然が破壊されるようなことになってはいけない」という主張をおこない，観光庁と連携し取り組みを進め，地元住民に「仮に閉鎖せず観光を続けると自然が破壊されて取り返しがつかないことになる．そうすれば島を訪れた観光客の満足度はさがり，観光産業に影響を与え，永久に島を閉鎖する決断を下す意可能性もある」という説明を丁寧にすすめ，現段階ではまだ原状回復可能な状況であるため，地元住民からの理解を得られ閉鎖の協力を得ているが，入島再開の時期は決まっていないという（国土交通省 2019：6，11）.

つぎに，沖縄県竹富島は，人口351名[13]沖縄の伝統的な赤瓦屋根の町並み残され年間約50万人が訪れる海洋リゾート地である．近年の観光客増加により，豊かな景観が損なわれる危機感から，地域資源保護法に基づく全国初の入島料[14]（入域料）を2019年9月より任意で徴収し，それを財源として生態系と農村集落景観の保全・再生，調査研究・技術継承・人材育成などの地域自然環境保全事業などの費用に充て，さらには開発業者に渡った土地の買戻し資金にも充て，全国からも寄付金を募るとのことである（『八重山毎日新聞』2019）．注目する点として，入島料（入域料）は，開発業者からの土地の買戻し金を考慮しているこ

とである．これは，地域の開発を目指すにあたっては，開発初期から目先の利益だけではなく将来への影響に十分配慮した開発でなければならないことを示唆している．

以上の2つの事例は，前述の藤稿が指摘した保護区や自然地域における観光活動の環境容量の文脈で観光環境許容量に対応した取り組みを試みている．

現状の自然環境を極力劣化させずに将来へ引き継いでいくという環境への影響に配慮した取り組み事例であるといえよう．

### 8. 3. 2. 2　人気観光拠点型のバルセロナと京都市の事例

スペインの第二の都市バルセロナは，人口160万人を擁し，1992年に開催された夏季オリンピック以降，外国人旅行者が増加し始めた．オリンピック開始前の1990年の宿泊客数は173万人，2010年に713万人，2016年には906万人まで増加している．宿泊者の増加は，宿泊施設の増加と連動し，家賃や不動産価格の高騰，住居の移転に繋がるなど，住民の生活環境が大きく変容してゆくことを意味している（阿部 2019：10）．

2007年ごろからは住民との軋轢が見られはじめ，特定地域の住民からの苦情が広がり，2014年に市内を水着姿で買い物する旅行者に対する報道をきっかけに観光の悪影響に対する報道が過熱するに伴い，市民の反対デモも過熱していった．スペインのメディアは反観光の動きを「観光恐怖症」と名付けた（観光庁 2019d：16）．

2017年に公表された世論調査ではバルセロナ市民が考える社会問題として「観光」が「失業率」を上回って1位となっている．このような事態を受けバルセロナ県や市などの協働組織で，旅客流動の分析や分散化策の検討などを実施する専門組織としてバルセロナ観光観測所が設立され，ゾーニングやサクラダ・ファミリアにおける事前予約制導入[15]，グエル公園における時間ごとの人数制限などの対策を講じている（観光庁 2019d：17）．

つぎに，京都市は，国際観光文化都市として世界的に知名度も高く，観光客も集中している．そのため多くの課題も顕在化しているが，同時に先進的な取り組みも実施されている．

京都市の観光客数は，「平成30年京都観光総合調査」（京都市 2019）によると，2015年に過去最高の5684万人に達し，2016年まで3年連続で5500万人を記録し

たが，それ以降は，日帰り観光客の減少を起因として，3年連続で減少し，2018年は5275万人であった．

　一方，宿泊者数は，東日本大震災が発生した2011年は1087万人であったが，以降は増加の一途を辿り，2018年は過去最高の1582万人を記録した．

　このような状況下で発生している事象として，交通関係でバスや道路の混雑，駐車場不足，宿泊施設関係で違法民泊を含む宿泊施設の増加，住生活環境でマナー／騒音などがあげられる（国土交通省 2019：60-63）．

　対策として，交通関係ではパークアンドライド，路線バスから地下鉄への誘導[16]，観光バスの駐車場情報の発信，混雑状況の情報発信[17]などが実施されている．宿泊施設関係では，違法民泊対策として2016年7月に全国に先駆けて「民泊通報・相談窓口」の開設，翌年に「民泊」対策の専門チームの設置し指導の強化を図っている．また，地域住民の調和を図るため宿泊客による迷惑行為を防ぐためのルールなどを周辺住民に事前説明することが条例で定められている．宿泊施設の立地・建設に対しては都市計画法などの規制の他に建築基準法に基づく建築協定によって宿泊施設を制限している地区が9地区あり，5地区は住居専用地域，他の4地区は建築協定の締結により新たな宿泊施設を制限している（国土交通省 2019：60-62）．

　以上の2つの事例は，前述の藤稿が指摘した観光地における収容可能容量の文脈で観光環境許容量に対応した取り組みを試みている．

　観光施設への入場制限，観光客の利用交通機関の分散化，宿泊施設の立地制限を通じて，観光資源や市民生活の影響などを極力低減させ，経済活動とバランスをとることを考慮した取り組み事例であるといえよう．

### 8.3.2.3　観光事業者である星野リゾートの事例

　星野リゾートは，長野県軽井沢で最初の旅館を開業して2019年に105年目を迎えた総合リゾート運営会社である．経営悪化の中，1991年に四代目として社長に就任したのが現社長の星野佳路氏である．（星野 2010：85-86）．

　就任後，経営再建に向けて経営ビジョンを掲げ，その評価指標として設定したのが顧客満足度，経常利益率，エコロジカルポイントの3つであり[18]，同時達成を目指すものである．特に，リゾート開発＝環境破壊にならないためエコロジカルポイントの達成も重視しているとのことである（中沢 2016：149-150）．現

在でこそ観光事業者の環境への取り組みは一部で始まっているが，当時は，経済発展と環境保全との両立を推進するためにブルントラント委員会が活動を開始し，「アジェンダ21」が採択された時期であり，とりわけ企業においては，利益追求と環境保全は相反するものいう考えが多かった時代であっただけに先駆的な取り組みといえる．

## おわりに

　本章では，SDGsと持続可能な観光を概観し，その阻害要因の１つであるオーバーツーリズムの対策事例を紹介した．

　持続可能な観光を実現するには，今まで以上に自然や社会環境に配慮し，経済的側面，社会文化的側面のバランスを十分に考慮し，SDGsへの貢献も視野に入れて取り組まなければならない．特に，今まであまり注目されていなかった観光環境許容量については，関係者だけではなく当該観光地の住民を含め議論してゆく必要があるといえよう．

注
1）　委員長を務めたのちにノルウェー首相になったブルントラント氏の名前に由来している．
2）　①社会的・経済的側面，②開発資源の保護と管理，③主たるグループの役割，④実施手段の４つのセクションから構成され，現在の持続不可能な経済成長モデルから，環境保全に基づく持続可能な経済活動への移行を推進するものである（藤稿 2018：22）．
3）　正式名称は「気候変動に関する国際連合枠組み条約」，地球温暖化問題に対処するための国際的枠組みを設定している．
4）　世界で進む生態系の破壊と野生動物の絶滅を食い止めるために設定された条約．
5）　正式名称は「気候変動枠組み条約第３回締結国会議」，気候変動に関する国際連合枠組み条約に基づき温室効果ガス濃度の減少・安定化を目標とした一連の会議の１つ．
6）　World Tourism Organization の略．2003年に国連総会で観光分野における国連の専門機関として承認され，2005年に略称はWTOからUNWTOに変更された．
7）　地球サミットから20年後に実施された会議のためこのように呼ばれる．
8）　国連が観光に関する国際年を定めるのは1967年の「国際観光年」と2002年の「国際エコツーリズム年」についで３回目である．
9）　詳細はGreen Globe：HP〈https://greenglobe.com/〉参照．

10) 国際観光客の消費は受け入れ国において輸出効果がある.

11) 藤稿（2018），中島（2017），国土交通省（2019）など.

12) 詳細は観光庁（2019c）参照.

13) 竹富町人口動態表（平成31年1月末日現在）による.

14) 正式名は「地域自然資産区域における自然環境の保全及び持続可能な利用の推進に関する法律」，2014（平成26）年6月25日制定，2015（平成27）年4月1日に施行．地域における自然環境の保全や持続可能な利用の推進を図るため，入域料等の利用者による取組費用の負担や寄付金等による土地の取得等，民間資金を活用した地域の自発的な取組を促進することを目的としている（環境省 2015）.

15) バルセロナ市では都心部に集中する観光客を周辺地域に分散するため観光用宿泊施設特別都市計画（PEUAT）を制定し，2019年1月27日より実施している．これは，観光客が集中するエリアで宿泊施設の新規立地を制限し，周辺地域に宿泊施設が建設されることを通じて，観光客の分散を図るものである．バルセロナ市内を4エリアに分けて規制している.
    エリア1：一切のホテル等の新規立地を規制するエリア.
    エリア2：条件付き認可，原則増築は禁止するエリア.
    エリア3：相対的にホテル数が少ない郊外エリア.
    エリア4：再開発エリア（観光庁 2019c：35-36）（阿部 2019：12）.

16) 市バス混雑緩和のため，市バスから地下鉄への誘導施策として市バス1日乗車券を500円から600円に値上げし，市バスと地下鉄のセット1日乗車券を1200円から900円への値下げを2018年4月から実施している（国土交通省 2019：60）.

17) 嵐山地域における観光快適度の見える化による分散化実証事業として「快適に観光できる度合」の可視化を実施した．具体的には観光客が訪問したい日時・スポットにおける観光快適度を予測し，ウェブサイト上での表示を2018年11月10日〜12月17日まで実施した（国土交通省 2019：61）.

18) 設定された数値目標は，顧客満足度2.5，経常利益率20％，エコロジカルポイント24.3である．特に，エコロジカルポイントはグリーン購入ネットワーク（GPN）独自の数値化された環境活動レベル評価を指標としている．GNPに登録された宿泊施設の評価基準は5つの分野（環境の取り組み姿勢），（廃棄物削減・リサイクル），（飲食関連），（省エネルギー・節水），（グリーン購入・科学物質他）で各5点満点，合計25点（星野ほか 2010：111）.

## 参考文献

UNWTO（2017）*2017 International Year of Sustainable Tourism for Development*〈www.tourism 4 development2017.org/about/〉2019/ 8 /15.

—— （2018a）*TOURISM FOR SDGS*〈http://tourism 4 sdgs.org/〉2019/ 8 /30.

── （2018b）*'Overtourism'?-Understanding and Managing Urban Tourism Growth beyond Perceptions-*〈https://www.e-unwto.org/doi/pdf/10.18111/9789284420070〉.

阿部大輔（2019）「オーバーツーリズムに苦悩する国際観光都市バルセロナ，ベネチア，京都」『観光文化』（公益財団法人）日本交通公社，240，pp. 8-14.

井田哲治（2019）「SDGsと生物の多様性──生態系保護をすべての基盤に──」『BIOCITY』ブックエンド，79，pp. 12-19.

環境省（2015）「地域自然資産法」〈https://www.env.go.jp/nature/national-trust/n-trust_law/index.html〉2019年 8 月30日取得.

── （2018）「持続可能な開発目標（SDGs）活用ガイド（資料編）」〈http://www.env.go.jp/policy/SDGsguide-siryo.rev.pdf〉2019年 8 月30日取得.

観光庁（2019a）「訪日外国人旅行者数」〈https://www.mlit.go.jp/kankocho/siryou/toukei/in_out.html〉2019年 6 月10日取得.

── （2019b）「2018（平成30年 訪日外国人旅行消費額」〈http://www.mlit.go.jp/common/001283138.pdf#＝“訪日外国人旅行者数，観光消費”〉2019年 6 月10日取得.

── （2019c）「付録 1［持続可能な観光先進国に向けた事例集］」〈https://www.mlit.go.jp/common/001293018.pdf〉2019年 6 月10日取得.

── （2019d）「持 続 可 能 な 観 光 先 進 国 に 向 け て」〈https://www.mlit.go.jp/common/001293012.pdf#search=「持続可能な観光先進国に向けて」〉2019年 6 月10日取得.

京都市：産業観光局（2019）「平成30年 京都観光総合調査」〈https://www.city.kyoto.lg.jp/sankan/cmsfiles/contents/0000254/254268/tyosa.pdf〉2019年 8 月25日取得.

国際連合広報センター（2015）「持続可能な開発サミット（概要）」〈https://www.unic.or.jp/news_press/info/15790/〉2019年 8 月12日取得.

国土交通省観光庁編（2018）「平成30年版 観光白書」.

国土交通省：総合政策局観光政策課（2019）「環境と観光の両立のための持続可能な観光客受入手法に関する調査業務──報告書──」2019年 3 月.

後藤健太郎（2019）「観光による地域の負の影響にどう向き合うべきか」『観光文化』（公財）日本交通公社，240，pp. 4 - 7 .

小林光（2019）「環境政策の理念の進化とSDGsの意義」『BIOCITY』ブックエンド，79，pp. 2 - 9 .

Sustainable Japan（2018）「［タイ］政府，ピピ島マヤ湾への観光立ち入りを無期限閉鎖. 観光による環境破壊が深刻」〈https://sustainablejapan.jp/2018/10/07/phi-phi-island-close/34839〉2019年 8 月25日取得.

GSTC［Global Sustainable Tourism Council］（n.d.）「認 証 プ ロ グ ラ ム」〈https://www.gstcouncil.org/gstc-criteria/gstc-industry-criteria-for-tour-operators/〉,〈https://certifications.controlunion.com/ja/certification-programs/certification-programs/

gstc-global-sustainable-tourism-council〉2019年8月17日取得.

高坂晶子（2019）「求められる観光公害（オーバーツーリズム）の対応——持続可能な観光立国に向けて——」『JRIレビュー』日本総合研究所，6（67），pp. 97-123.

竹林征雄ほか（2019）『SDGsビジネス戦略』日刊工業新聞社.

WTO et al.（1995）*Agenda 21 for Travel & Tourism Industry*（世界観光機関ほか（2000）「観光のためのアジェンダ21」石井昭夫監・訳，『立教大学観光学部紀要』2，pp.80-104）.

中沢康彦（2016）『星野リゾートの教科書——サービスと利益の両立の教科書——』日経BP.

中島泰（2017）「世界の潮流『持続可能な観光国際年における各地の取り組み』」『観光文化』（公益財団法人）日本交通公社，235，pp. 10-16.

藤稿亜矢子（2018）『サステナブルツーリズム——地球の持続可能性の視点から——』晃洋書房.

星野佳路（2010）「部下を信じるリーダー術」NHK・他編『NHKテレビテキスト　仕事学のすすめ』NHK出版，pp. 79-154.

『八重山毎日新聞』（2019）「竹富島　来月から入島料収受」2019年8月22日付Webニュース〈http://www.y-mainichi.co.jp/news/35663/〉2019年8月25日取得.

UNWTO駐日事務所（2015a）「観光と持続可能な開発目標」〈https://unwto-ap.org/why/goals/〉2019年8月12日取得.

——（2015b）「持続可能な観光の定義」〈https://unwto-ap.org/why/tourism-definition/〉2019年8月12日取得.

——（2019a）「世界観光倫理憲章」〈https://unwto-ap.org/document/world-tourism-ethics-charter/〉2019年8月15日取得.

——（2019b）「Tourism Highlights 2018 Edition 日本語版」.

# 第**9**章　MICEについて

## は じ め に

　本章は，MICEの概念，系譜，効果を概観することで全体の理解を深めることを目的とする．

　構成は，9. 1で「MICE」用語を構成しているミーティング（Meeting），インセンティブ（Incentive Travel），コンベンション（Convention），エキシビション／イベント（Exhibition/Event）のそれぞれの用語の内容を確認し，MICEの概念を整理し，9. 2ではMICEの開催に大きく寄与してきたホテルの変遷をながめながら，日本のMICEの系譜を辿り，コンベンション・イベントからMICEと称されるようになった経緯を把握し，9. 3ではMICEの効果について概観し，おわりにでMICEの今後の展望を示すこととする．

## 9. 1　MICEの概念について

### 9. 1. 1　MICEの各構成用語
観光庁（2019a）は，MICEを構成している各用語を次のように説明している．

　　ミーティング（Meeting）：主に企業がグループ企業やパートナー企業などを集めて行う会議，大会，研修会等の会合（＝コーポレートミーティング）を指す．例：海外投資家向け金融セミナー，グループ企業の役員会議 等.
　　インセンティブ（Incentive Travel）：企業が従業員やその代理店等の表彰や研修などの目的で実施する旅行のことで，企業報奨・研修旅行と呼ばれる．例：営業成績の優秀者を集めた旅行 等.

コンベンション（Convention）：いわゆる国際会議であり，学会や産業団体，さらには政府等が開催する大規模な会議を一般的に指す．例：北海道・洞爺湖サミット，国連防災世界会議，世界水フォーラム，世界牛病学会 等．

エキシビション／イベント（Exhibition/Event）：国際見本市，展示会，博覧会といったエキシビションやスポーツ・文化イベントなど大小さまざまなものが含まれる広範な概念である．例：東京国際映画祭，世界陸上競技選手権大会，国際宝飾展，東京モーターショー 等．

また，ICCA[1]（2019）は，IAPCO[2]の定義を適用し，次のように説明している．

ミーティング（Meeting）：協議や特定の活動を実行するために一カ所に多数の人が集まる総称．例：多いのが定例又は臨時の年次総会や委員会会議等．

インセンティブ（Incentive Travel）：業績に報いるために提供されるプログラムのひとつとしてのミーティング／イベント．

コンファレンス（Conference）：議論，事実調査，問題解決及び検討のために設定された参加型会議．コングレス（Congress）と比較してコンファレンスは通常規模が，小さく，より選別されたものである．つまり情報交換を容易にする傾向があり，コンファレンスという用語は時間に関して特別な意味をもたない．本来，時間が限られているわけではないが議題によって設定期間が限られている．

エキシビション・イベント（Exhibition/Event）：製品やサービスが展示されているイベント．

このように観光庁やICCAの説明や定義には大きな差異はみられないが，ミーティング，コンベンション，コンファレンス，コングレスの用語が混在して用いられているためそれぞれの概念を整理する．

ミーティングについて，UNWTO[3]はコンベンションと同じ概念を表す用語としてミーティングを使っており，「10人以上の人が，借り上げた会場を使って4時間以上続けて開く会合のことで，コンベンション，コンファレンス，コン

グレス，トレードショー，インセンティブ行事，企業／ビジネス会議，その他この基準に当てはまるもの」と定義づけしており，このことは概念としてミーティングとコンベンションがきわめて類似していることを示している（田部井 2017：17）．

　コンベンションについて，JTB総合研究所（2019）は，主に学会や大会，国際会議を指しコングレスと同義であるとし，カンファレンスも会議の意味だが，コングレスやコンベンションに比べ規模が小さいものを指すとしている．

　田部井（2017：16-17）は，コンベンションとは，もともと大会・会議・総会など人の集まりを意味し，英語の類似の言葉としては，コングレス，コンファレンス，ミーティングなどがあるとし，それぞれ語源と厳密な意味において多少の違いがあり，実際の用い方は国・場面においても異なるとしている．

　以上のことから，各構成用語の概念については議論のあるところだが，実際の用い方は国・場面においても異なることを踏まえ，本章では各構成用語の詳細な区分に捉われないこととする．

### 9. 1. 2 「MICE」の用語とその概念

　観光庁（2019a）は，MICEについて，その構成用語であるMeeting, Incentive Travel, Convention, Exhibition/Eventの頭文字のことであり，多くの集客交流が見込まれるビジネスイベントなどの総称としている．

　また，田部井（2017：18-19）は，語源の変遷を辿り，MICEは80年代にシンガポールで生まれた観光業界の用語であり，一般的なレジャー観光に対し，旅行目的をもつグループをターゲットとしたビジネスツーリズム（観光）のことであり，語源はMeeting, Incentive Travel, Convention, Exhibitionのグループ（集い）の総称であるとし，「わが国では今世紀に入って国際観光を推進するに当たり，観光庁を中心とした委員会で検討した結果，MICEのExhibition（展示会）にEvent（スポーツ・文化イベント）を加えてExhibition/Eventと表記した．そのため原義のMICEより広い意味を持つ用語となっている」としている．

　千葉（2019：107）も，Meeting, Incentive Travel, Conference/Convention, Event/Exhibitionの頭文字からなる総称造語であるとしている．

　一方，UNWTO（2019：2）は，基本用語集でMICEを"Meetings industry"

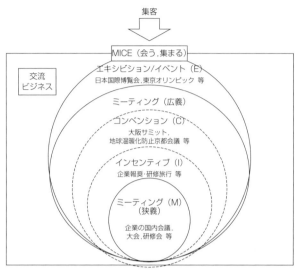

（出所）田部井正次郎（2017）『観光MICE――集いツーリズム入門――』古今書院，p.19を基に筆者作成.

**図9-1　MICE概念図**

としており，ICCA（前掲）は，業界が"MICE Market"というラベルを使用しないで"The Meetings Industry"を使用する動きがあるとしている．前述の田部井もMICEをビジネスツーリズムとしていることから，MICEにビジネスの概念あることがうかがえる．

　また，観光庁（2019a）は，MICEの意義として「（中略）観光振興という文脈でのみで捉えるのではなく，MICEについて，『人が集まる』という直接的な効果はもちろん，人の集積や交流から派生する付加価値や大局的な意義についての認識を高める必要があります」としている．これは，「MICE」という用語全般に「Meeting」という概念，つまり「会う，集まる，交流」という概念があることを示しているといえよう．

　以上より，本章の「MICE」の用語の概念として，それ自体は，構成している各用語の頭文字からなる総称であり，用語全般に「会う，集まる」と集客交流が見込まれる「ビジネス」の概念をもつとする（図9-1）．

# 9.2　MICEの系譜

　日本のMICEは，1877（明治10）年に第1回内国勧業博覧会が，富国強兵とい
う日本を近代化し国力を増強するという国家目的のために東京・上野公園で開
催されて以来，コンベンション，イベントの名称で国・自治体・産業界などに
おいて実施されてきた事業が現在のMICEであり，MICEの開催は，コンベン
ション施設，宿泊・飲食，交通・観光，展示装飾，人材派遣業，コンベンショ
ン企画運営会社（Professional Congress Organizer：以下PCO）などさまざまな関連
産業によって支えられている．
　本節では，日本のコンベンション振興に先駆的に取り組み，国レベルで各種
MICE事業を推進している現在のJNTO組織内のMICEプロモーション部[4]の前
身である「日本コンベンション・ビューロー」の変遷（JCCB, 2019a），そして
MICEを支えている産業の中でも，宿泊およびミーティングやコンベンション
施設としても利用され，MICE開催において重要な役割を果たしてきたホテル[5]
の変遷も併せながら，MICEの系譜を辿ることとする（表9-1）．

## 9.2.1　日本コンベンション・ビューロー設立から第一次国際会議ブームま
　　　　で（1960年代前半〜半ばまで）

　第二次世界大戦後，日本の復興が進み，徐々に国際会議が開催されるように
なった．その状況下，1960（昭和35）年に国レベルの議論として，観光事業審
議会（観光政策審議会の前身）が「国際会議の誘致調整等に関する対策」を答申
した．その内容は①コンベンション・ビューローの設置，②国立国際会議場の
建設，③同時通訳の養成の必要性などである．行政用語として「コンベンショ
ン」がこの時に登場した．
　同年，任意団体「日本コンベンション・ビューロー」（会長：日本商工会議所会頭・
JNTO会長，会員：関係地方公共団体，関連業界の企業・団体など）が設立された．そし
て，第18回東京オリンピック競技大会開催の2年後の1966（昭和41）年にJNTO
に国際会議誘致事業のための補助金が認められ，任意団体「日本コンベンショ
ン・ビューロー」はJNTOに吸収され，部署の名称は「コンベンション・ビュー

## 表9-1　MICEの系譜

| | MICEに関連する政府等の動き | ホテルの変遷と主な出来事 |
|---|---|---|
| 1960（昭和35）年 | ・観光事業審議会（観光政策審議会の前身）が「国際会議の誘致調整等に関する対策」を答申<br>・行政用語として「コンベンション」が登場<br>・任意団体「日本コンベンション・ビューロー」設立 | ・名神高速道路開通（1963年）<br>・**第一次ホテルブーム**<br>・**第一次国際会議ブーム** |
| 1964（昭和39）年 | | ・東海道新幹線開通<br>・**第18回東京オリンピック競技大会** |
| 1966（昭和41）年 | ・任意団体「日本コンベンション・ビューロー」はJNTO内「コンベンション・ビューロー」に改組 | ・京都国際会館開業<br>・PCOの誕生<br>・1967年を「国際観光年」とする決議が国連総会にて採択<br>・**第二次ホテルブーム** |
| 1970（昭和45）年 | | ・日本万国博覧会開催<br>・世界ジャンボリー大会（1971年） |
| 1972（昭和47）年 | ・JNTO「コンベンション・ビューロー」からJNTO「国際協力部」に名称変更 | ・第11回冬季オリンピック札幌競技大会<br>・**第二次国際会議ブーム**<br>・世界石油会議（1975年）<br>・国際看護大会（1977年）<br>・国際ロータリー大会（1978年）<br>・ライオンズ国際大会（1978年） |
| 1981（昭和56）年 | ・コンベンション関連事業者中心の任意団体「国際会議事業協会」発足 | ・神戸ポートアイランド博覧会<br>・北海道博（1982年）<br>・新潟博（1983年）<br>・東京ディズニーランド開業（1983年）<br>・淡路島愛ランド博（1985年）<br>・**第三次ホテルブーム** |
| 1985（昭和60）年 | ・コンベンション振興に取り組んでいる都市で任意団体「日本コンベンション推進協議会」設立<br>・運輸省主催「観光産業連絡会議」がスタート，「コンベンション分科会」の設置 | |
| 1987（昭和62）年 | ・観光産業連絡会議の報告書「21世紀コンベンション戦略」発行（1986年） | ・日本各地で市政100周年記念事業の実施<br>・**地方博ブーム**<br>・総合保養地域整備法（通称リゾート法）制定. |
| 1988（昭和63）年 | ・全国25主要都市・地域を「国際コンベンション・シティ」と認定<br>・「国際会議事業協会」と「日本コンベンション推進協議会」が大同団結し，「（財）日本コンベンション振興協会（JCPA）」発足 | ・**第四次ホテルブーム**（大規模リゾート開発にともなうホテル建設：宮崎シーガイアなど）<br>・大規模な展示場や会場が続々と開業<br>・**本格的コンベンション時代の到来** |
| 1994（平成6）年 | ・「国際会議等の誘致の促進及び開催の円滑等による国際観光の振興に関する法律（通称：コンベンション法）」成立<br>・全国の45都市を「国際会議観光都市」と認定<br>・JNTO「国際協力部」はJNTO「国際コンベンション誘致センター」に改組 | ・**第五次ホテルブーム**（パークハイアット東京，ウエスティンホテル東京，ザ・リッツ・カールトン大阪，2000年に入りコンラッド東京，マンダリンホテル東京など外資系ホテル進出） |
| 1995（平成7）年 | ・「（財）日本コンベンション振興協会（JCPA）」が解散し，任意団体「日本コングレス・コンベンション・ビューロー（JCCB）」発足 | ・東京ビッグサイト（東京国際展示場）開業（1996年）<br>・東京国際フォーラム開業（1997年） |
| 2003（平成15）年 | ・JNTOが独立行政法人「国際観光推進機構」へ改組され，「国際コンベンション誘致センター」は「コンベンション誘致部」に名称変更<br>・「ビジット・ジャパン・キャンペーン」スタート | |
| 2007（平成19）年 | ・「観光立国推進基本法」施行 | |
| 2008（平成20）年 | ・観光庁設置<br>・コンベンション/イベント事業はMICEと呼称 | |
| 2009（平成21）年 | ・観光庁が「MICE推進アクションプラン」作成 | |
| 2015（平成27）年 | ・「グローバルMICE戦略・強化都市」選定（2013）<br>・「グローバルMICE強化都市」選定 | ・インバウンドの増加よる**第六次ホテルブーム** |

（出所）　筆者作成.

ロー」と定められた.

　一方，国家イベントの東京オリンピック大会開催に向けて，1963（昭和38）年に名神高速道路の開通を契機に高速道路，1964（昭和39）年に東海道新幹線の開通など交通ネットワークも整備され，続々と外国人客を主な対象としたグランドホテルタイプの大型高級ホテル[6]が登場し第一次ホテルブームを迎えることになった（杉原 2009：37）．それらのホテルは，機能的に会議室や宴会場などを有し，米国の大型コンベンションホテルに類似していることもあり，MICE受け入れ施設として重要な役割を果たすようになった．つまりMICE受け入れのハード面のインフラ整備が始まったといえよう.

　オリンピックは，開催の数年前からIOCやスポンサー関係の各種会議[7]，文化行事などさまざまな会議を含めた総合イベントであるため，外国人客受け入れを含めたインフラ整備が急速に進んだ時期であった．そして，東京オリンピックは世界93カ国から選手役員を含め6万人の外国人宿泊客を受け入れ，この年の訪日外国人は35万人に達した.

　このように都市インフラが整備されるのに伴い，医学・科学技術・産業・文化など幅広い分野で会議が相次いで開催されるようになり，第一次国際会議ブーム（田部井 2017：1）を迎えることとなった.

### 9.2.2　日本万国博覧会開催から第二次国際会議ブームまで
####     （1960年代半ば～1980年代半ばまで）

　1966（昭和41）年にJNTOに吸収されたコンベンション・ビューローは，国レベルでコンベンション事業を推進してゆくことになった．同年，日本で最初の国立の会議施設として京都国際会館が開業され，この頃から通訳派遣を含め国際会議の企画運営を請け負うPCOも誕生し，MICE受け入れのソフト面でのインフラ整備が始まった.

　折しもこの年の国連総会にて，翌1967（昭和42）年を国際観光年とする決議が採択された．決議では国際観光について，異文化・文明への共感，評価が民族間の理解を促進し，世界平和の伸張に寄与するものとし，スローガンは「観光は平和へのパスポート」である（UNWTO駐日事務所 2019a）.

　そして，戦後最大のイベントとして1970（昭和45）年に大阪千里丘陵で日本

万国博覧会が開催された．テーマは，「人類の進歩と調和」，会期183日間で国内外からの入場者数6421万人であった．この博覧会より高速道路や伊丹空港整備などインフラ整備はもとより，国際化による視野の拡大，旅行会社，広告代理店，PCO，展示業者は大きな変貌を遂げた（桑田 2017：67-68）．

　この博覧会開催にともない，1960年代後半からは超高層ホテルが登場し[8]，全国の主要都市，副都心，衛星都市などにも都市の核としてホテルが進出し，第二次ホテルブームを迎えることとなった（杉原 2009：37）．つまり，MICEの受け入れ可能施設が衛星都市まで広がった．

　1971（昭和46）年の第13回世界ジャンボリー大会（開催地：富士山麓，参加人数：世界110カ国から1万2000人，国内8000人），1972（昭和47）年の第11回冬季オリンピック札幌競技大会開催，その後の世界石油会議（1975年），国際看護婦大会（1977年），国際ロータリークラブ大会，ライオンズ国際大会（1978年）など外国人参加者数が数千人を超す大型国際会議やイベント開催など第二次国際会議ブームをもたらした（田部井 2017：2，94）．1972（昭和47）年には，JNTOの「コンベンション・ビューロー」は「国際協力部」に名称変更になり，国際観光のさらなる振興を図っていることが明確になった．

## 9. 2. 3　地方博ブームからコンベンション法成立まで
### （1980年代半ば～1990年代半ばまで）

　日本万国博覧会開催は，地方博覧会の開催をも促進し，神戸ポートピア博覧会（1981年），北海道博（1982年），新潟博（1983年），淡路島愛ランド博（1985年）など地域・地方都市の博覧会も相次いで開催され活況を呈し，1983（昭和58）年には東京ディズニーランド開業もあり，第三次ホテルブームを迎えた（杉原 2009：37）．

　また，「市政100周年記念事業[9]」の一環で人口100万人規模の都市，県庁所在地などの中核都市で博覧会が開催された1987（昭和62）年から1989（昭和64）年にかけ地方博ブームが全国で起こった（桑田 2017：69）．

　一方，1981（昭和56）年にコンベンション関連事業者が中心になり，任意団体「国際会議事業協会」が発足した．そして，1985（昭和60）年にJNTOが，コンベンション振興に取り組んでいる都市に呼びかけ，任意団体「日本コンベン

ション推進協議会」を設立し,共同で国際コンベンション振興事業を開始した.
同年,運輸省(現国土交通省)の観光部長主催でPCOをはじめ航空,宿泊,旅行
業など関連産業界,日本開発銀行(日本政策投資銀行)など関係団体の代表者が
出席して「観光産業連絡会議」がスタートし,「コンベンション分科会」を設
置した.ここで,官民が一体になりコンベンション事業を推進する体制が整っ
たことになる.

　観光産業連絡会議では,事業の推進方策を総合的に検討し,その報告書が
1986(昭和61)年6月に発行された「21世紀のコンベンション戦略」であり,
現在のMICE事業の運営の基本的な骨組みとなっている.

　報告書の内容は,コンベンション事業の推進主体を都市・地域に定め,会議
場・ホテルなどハード面の整備と誘致・開催支援などソフト面の事業を担うコ
ンベンション・ビューローの必要性の確認,併せて関連産業の育成,国と都市
の役割分担などコンベンション事業を推進するための全体的な方策を纏めたも
のであった.つまり国際会議の誘致・支援事業に対する官民の役割分担であっ
た(田部井 2017:99, 126).

　一方,バブル経済を背景に1987(昭和62)年に総合保養地域整備法(通称リゾー
ト法)[10] が制定され,大規模リゾート開発も含め大都市をはじめ,中小都市に至
るまで国際級のホテルが誕生したが(第四次ホテルブーム),バブル崩壊後(1990
年代初頭)多くのホテルは倒産や経営に苦慮したという(杉原 2009:9, 37).し
かし,この時期に大規模な展示場や会議場が続々と開業し本格的なコンベン[11]
ション時代が到来した.

　そして,1988(昭和63)年にコンベンション事業を具体的に推進する施策と
して,コンベンション・ビューローの設置など一定の条件を満たす全国25主要
都市・地域は「国際コンベンション・シティ」に認定され,国レベルで体系的
に支援を行うことになった.また,同年に運輸省(現国土交通省)の指導のもと,
国際会議事業協会と日本コンベンション推進協議会が大同団結し,(財)日本
コンベンション振興協会(JCPA)が発足した.

　1994(平成6)年には,「国際会議等の誘致の促進及び開催の円滑等による国
際観光の振興に関する法律(通称:コンベンション法)」が成立し,事業の中心推
進者をJNTOと定めた.また,同法に基づき,「国際コンベンション・シティ」

と同様の条件を備えた都市，全国45都市が「国際会議観光都市[12)」に認定された．

　また，同年，JNTO内「国際協力部」がJNTO内「国際コンベンション誘致センター」に改組された．これにより国として更に体系的に支援，推進することになる．そして，1995（平成7）年に運輸省の指導のもと，（財）日本コンベンション振興協会（JCPA）が解散され，任意団体「日本コングレス・コンベンション・ビューロー（JCCB）[13)」が発足した．

　このようにコンベンション誘致・支援事業を推進する組織の一体化，および官民，国と地方の役割の明確化が図られた．

### 9.2.4　バブル崩壊から現在に至るまで
###　　　　（1990年代半ば〜）

　バブル崩壊後，多くのホテルが倒産や経営に苦慮していた頃に，日系ホテルに代わりコンベンション運営のノウハウをもつ多くの外資系ホテルが1990年代半ばから2010年あたりにかけて日本に進出しMICE受け入れ施設は充実することになった（第五次ホテルブーム[14)）．

　2003（平成15）年に「ビジット・ジャパン・キャンペーン[15)」がスタートし，官民が一体になり外国人旅行者の訪日促進活動がはじまり，併せてJNTOの独立行政法人「国際観光推進機構」への改組にともない「国際コンベンション誘致センター」は「コンベンション誘致部」に名称変更，組織強化された．

　そして，2007（平成19）年に国際会議などの推進の条項を盛り込んだ「観光立国推進基本法」の施行，2008（平成20）年には事業推進の役割を担う組織として観光庁が設置され，この段階で従来国際会議を中心に実施されてきたコンベンション・イベント事業はMICE（マイス）と呼称されることになり，外国人の訪日促進と国際交流拡大に重点が置かれた（田部井 2017：4）．

　2009（平成21）年に観光庁（2009）が，「観光立国推進戦略会議」の報告書に基づき「国際交流拡大のためのMICE推進方策検討会」の議論を踏まえ，日本におけるMICE推進のための基本的な課題・方向性及び将来必要となるアクションをとりまとめたのが「MICE推進アクションプラン」である．ここには，「MICE全般プロモーション」，「誘致・開催に関する環境整備・支援，MICEを支える基盤の強化」，「環境の整備」について，それぞれの具体的なアクション

表 9 - 2　国・地域別　国際会議の開催件数（2008年～2018年）

(件)

| | 2008年 | 2009年 | 2010年 | 2011年 | 2012年 | 2013年 | 2014年 | 2015年 | 2016年 | 2017年 | 2018年 |
|---|---|---|---|---|---|---|---|---|---|---|---|
| アメリカ | 779 | 870 | 888 | 969 | 975 | 960 | 1024 | 1067 | 1022 | 941 | 947 |
| ドイツ | 469 | 548 | 611 | 632 | 692 | 753 | 744 | 725 | 729 | 682 | 642 |
| スペイン | 404 | 384 | 505 | 493 | 550 | 535 | 574 | 582 | 575 | 564 | 595 |
| フランス | 459 | 421 | 473 | 487 | 553 | 590 | 613 | 584 | 575 | 506 | 579 |
| イギリス | 411 | 412 | 516 | 511 | 556 | 613 | 629 | 659 | 624 | 592 | 574 |
| イタリア | 413 | 483 | 462 | 460 | 486 | 524 | 558 | 570 | 499 | 515 | 522 |
| 日本 | 317 | 327 | 365 | 279 | 373 | 392 | 394 | 401 | 431 | 414 | 492 |
| 中国（香港,マカオ除く） | 323 | 345 | 391 | 415 | 408 | 465 | 452 | 430 | 463 | 376 | 449 |
| オランダ | 245 | 291 | 234 | 315 | 336 | 327 | 349 | 350 | 389 | 307 | 355 |
| カナダ | 288 | 251 | 277 | 282 | 304 | 308 | 289 | 336 | 303 | 360 | 315 |

（出所）　日本政府観光局〔JNTO〕（2019）「国際会議統計」を基に筆者作成.

プランが示されている.

　そして，2013（平成25）年に国際的なMICE誘致競争が激化する中，海外競合国・都市との厳しい誘致競争に打ち勝ち，日本のMICE誘致競争を牽引することができる実力ある都市を育成するため「グローバルMICE戦略・強化都市」を 7 都市（東京，横浜，名古屋，京都，大阪，神戸，福岡），2015（平成27）年に「グローバルMICE強化都市」を 5 都市（札幌，仙台，千葉，広島，北九州）選定し国として支援を講じてきた（観光庁 2019b）.

　現在，観光庁は2030年にアジアNo. 1 の国際会議開催国としての不動の地位を築く，という目標の達成に向けて，2018年度から2020年度までの 3 年間のMICEプロモーション方針を示し推進している（観光庁 2019a）. 2018（平成30）年の日本の国際会議開催件数は，492件で世界 7 位，アジアでは前年同様 1 位で件数も確実に増加している（表 9 - 2）.

　一方，観光庁設置後，政府の訪日促進事業強化により外国人旅行者は増加し，東京，大阪，京都でホテル不足が顕著になってきた. そして，2020（令和 2）年の東京オリンピック・パラリンピック競技大会，2025（令和 7）年の大阪国際博覧会の開催が決定し，2010年代半ばから日系，外資のホテルの建設ラッシュ

がはじまることになるが，機能としてコンベンション機能を有するホテルだけ
ではなく，宿泊に特化されたホテルも多く建設されている（第六次ホテルブーム）．

　本節ではMICEの系譜をホテルの変遷と併せて辿ってきた．戦後のエポック
としては，1964（昭和39）年の東京オリンピック開催，1970（昭和45）年の大阪
万国博覧会開催である．それらを機に日本のインフラが大きく整備され，
MICE開催に必要であるホテルをはじめとする関連施設や企業などが発展し，
官民，国や地方が一体となり取り組み，現在のMICEを支えているといえよう．

## 9.3　MICEの効果について

　観光庁（2019a）は，MICEの意義を「企業・産業活動や研究・学会活動等と
関連している場合が多いため，一般的な観光とは性格を異にする部分が多いも
のです．このため，観光振興という文脈でのみ捉えるのではなく，MICEにつ
いて，『人が集まる』という直接的な効果はもちろん，人の集積や交流から派
生する付加価値や大局的な意義についての認識を高める必要があります」とし，
具体的に考えられる3つ主要な効果を次のように示している．

（1）　ビジネス・イノベーションの機会の創造
　　　MICE開催を通じて世界から企業や学会の主要メンバーが我が国に
　　集うことは，我が国の関係者と海外の関係者のネットワークを構築し，
　　新しいビジネスやイノベーションの機会を呼び込むことにつながりま
　　す．
（2）　地域への経済効果
　　　MICE開催を通じた主催者，参加者，出展者等の消費支出や関連の
　　事業支出は，MICE開催地域を中心に大きな経済波及効果を生み出し
　　ます．MICEは会議開催，宿泊，飲食，観光等の経済・消費活動の裾
　　野が広く，また滞在期間が比較的長いと言われており，一般的な観光
　　客以上に周辺地域への経済効果を生み出すことが期待されます．
　　　観光庁は，2017（平成29）年度に国際MICE全体の調査を実施し，日
　　本国内で開催された国際MICE全体による経済波及効果（2016（平成28）

年開催分）を初めて算出しました．（中略）

（3）国・都市の競争力向上

　　国際会議等のMICE開催を通じた国際・国内相互の人や情報の流通ネットワークの構築，集客力などはビジネスや研究環境の向上につながり，都市の競争力，ひいては，国の競争力向上につながります．海外の多くの国・都市が，国・都市の経済戦略の中で，その達成手段の一つとしてMICEを位置付け，戦略分野・成長分野における産業振興，イノベーション創出のためのツールとして国際会議や見本市を活用しており，我が国においても，MICEを国・都市競争力向上のツールとして認識し，活用することが重要です．

　以上のように観光庁は，国際会議や見本市など国内と海外から参加者を中心に主要な効果を示しているが，国内の参加者のみの場合も「人が集まる」ということではMICEの効果はあると考えられる．

　そして，MICEの効果については，消費額など開催地域の経済効果で議論される傾向があるため，主催者側と関係事業者や開催地域の効果に分けて概観する．

### 9. 3. 1　主催者側の効果

　企業活動などの一環として実施される会議やインセンティブ，コンベンションやイベント・展示会については，実施するにあたりそれぞれ個別の目的に沿って定性目標や定量目標などが設定されているため，効果測定については主催者側の判断に委ねられる．例えば，社員研修会や営業推進会議，インセンティブツアーについては，社員のスキルアップやモチベーションアップなどの定性評価になり，展示会やイベントなど営業推進活動では，費用対効果など定量評価になることが考えられる．

　一方，学会や組織団体などの場合は，主に主催者側や各参加者の定性評価に委ねられる場合が多く，当初の目的に沿って参加者の交流，ネットワークの構築，情報交換の程度などが評価になる．

　いずれにしても主催者側の目標達成度の評価が，次年度以降の開催可否の判

断材料になるため，持続可能なMICE開催を念頭に置いている関係事業者や開催地域は，主催者側の満足度が最大になるように努めなければならない（田部井 2017：33-34）．

### 9.3.2　MICE関係事業者と開催地域の効果

　開催地域の効果として，地域の知名度アップ，住民の地域への愛着心醸成やオリンピック，博覧会など大規模イベント開催では景観やインフラの整備が進められ，全体の生活環境の水準を引き上げるなど，社会的効果が考えられる．

　一方，前述のように，海外で「MICE」という用語の代わりに"Meetings industry"が用いられ，観光庁もMICEをビジネスイベントの総称としていることから，経済効果は重要な位置づけであるといえる．

　また，MICE開催を円滑に推進するためには，行政をはじめとして地域の経済・産業団体や民間企業から市民まで幅広い関係者の理解とサポートが必要であることから，経済波及効果の測定はそれらのステークホルダーへの説明責任を果たすためにも基本データとして必要である（田部井 2017：46）．

　観光庁（2018a）は，2010（平成22）年に，MICE開催による地域への経済波及効果を容易に測定できる「MICE開催による経済波及効果測定のための簡易測定モデル（MICE簡易測定モデル）」を開発した．このモデルは，「MICEタイプ」，「都道府県」，「都市」を指定し，測定するMICEの「期間」，「人数」などの情報を入力することで，「生産誘発額・就業効果」，「税収効果」などの経済波及効果が自動的に算出するものであった．2013（平成25）年に内容を改訂し，さらに2018（平成30）年にはバージョンアップした．このモデルを活用することにより，従前の測定可能エリアが都道府県又は国際会議観光都市のみだったものが，その他の都市も「任意の都市」として測定可能になり，参加者の前泊・後泊による経済波及効果も含めて測定でき，併せて大規模で高額な事業費がかかるMICEについても測定できることとなり，より正確な経済波及効果が測定できるようになった．

　そして，観光庁（2018b）は2016（平成28）年度に実施した国際会議による経済波及効果の算出（2015年度開催分）に続き，2017（平成29）年度に日本国内で開催された国際MICE全体の経済波及効果を初めて算出した．

　それによると，2016年開催分の国際MICE全体の総消費額は，外国人参加者総消費額：約1059億円，日本人参加者総消費額：約1085億円，MICE主催者総支出額：約2395億円，出展者総支出額：約845億円であった．

　外国人参加者 1 人当たりの総消費額（参加者・主催者・出展者の総消費額を 1 人当たりに換算）は，企業会議：約32.5万円，報奨・研修旅行：約32.0万円，国際会議：約37.3万円，展示会：約27.5万円で，平均は約33.7万円にのぼる．これを2016年の訪日外国人旅行者の 1 人当たりの旅行支出（総額）約15.6万円（観光庁 2017）と比較すると2.16倍になる．MICEの費用は参加者だけではなく主催者なども負担しているため単純比較はできないが，MICE参加者 1 人当たりの総消費額が高いことがうかがえる．

　また，国際MICE全体の経済波及効果は，企業会議：約1614億円，報奨・研修旅行：約569億円，国際会議：約6789億円，展示会：約1618億円で合計は約 1 兆590億円であった．

　以上のように 1 人当たりの総消費額と全体の経済波及効果からMICEの経済効果の大きさがわかる．


## お わ り に

　本章では，MICEの概念を整理し，その系譜を辿ることでコンベンション・イベントからMICEと称されるようになった経緯を把握し，主催者側と関係事業者や開催地域の効果について概観してきた．

　MICEは，その経済効果や社会効果の大きさから政府や関係者などが長年にわたり推進や誘致に取り組み大きな成果を生んでいることがわかった．

　そして，今後も2020（令和 2 ）年の東京オリンピック・パラリンピック競技大会，2021（令和 3 ）年のワールドマスターズゲームズ2021関西，2025（令和 7 ）年日本国際博覧会など，世界的なMICEの日本開催の誘致にも成功しており，今後もますますの成果が期待されるところである．


注
1 ）　Internal Congress and Convention Associationの略：国際会議協会．本部はアムステ

ルダムにある.

2） International Association of Professional Congress Organisersの略：コングレス関係企業・団体の世界的組織.

3） World Tourism Organizationの略：国連世界観光機関. 1975年に設立, 2003年に国際連合の観光分野における専門機関となり, 本部はスペインのマドリッドにある. 責務は, 経済成長, 包摂的な発展, 持続可能な開発の推進力として観光を促進し, 世界全体の知見と観光政策の質を向上させるため, 観光部門に対する支援を実施し, 誰もが参加できる観光の推進をすることである. 2005年の国連総会にてイニシャルを英語では「UNWTO」とすることが承認された（UNWTO駐日事務所 2019a）.

4） 独立行政法人 国際観光振興機構であるJapan National Tourism Organizationの略. 1964年に特殊法人 国際観光振興会として設立, 2003年に改組され現在の独立行政法人になり, 観光庁の発足した2008年より「日本政府観光局」の通称を使用している. 海外における観光宣伝, 外国人観光旅客に対する観光案内, その他外国人観光旅客の来訪の促進に必要な業務を効率的に行うことにより国際観光の振興を図ることを目的としている（安本 2019：117-118）.

5） 多くの公的コンベンション施設ができる1980年代まで国際会議は主にホテルの会議室や宴会場を使用しており, 現在も公的コンベンション施設だけではなく, 宿泊を伴うことからもホテルは不可欠な存在である.

6） 迎賓館的ホテルのタイプ. パレスホテル, ホテルオークラ, 東京ヒルトン（1983年閉館）, 東京プリンスホテル, ホテルニューオータニなど.

7） International Olympic Committeeの略：国際オリンピック委員会.

8） ホテルプラザ（1992年閉館）, 東洋ホテル（2006年ラマダホテル大阪に名称変更後2013年閉館）, 京王プラザホテルなど.

9） 1888（明治21）年の市制施行から100年経過したことを記念とする事業.

10） 国民の余暇活動の充実, 地域振興による内需拡大を目的に制定された.

11） 幕張メッセ（1989年）, パシフィコ横浜（1991年）, 東京ビッグサイト（1996年）, 東京国際フォーラム（1997年）インテックス大阪（1985年）, 大阪国際会議場（2000年）などが開業している.

12） 市町村からの申請に基づいてハード面とソフト面の両面での体制が整備され, 観光資源が近接するなどコンベンションの振興に適すると認められる市町村を観光庁長官が認定したものである. 認定都市へは, JNTOが施策（①国際会議などの誘致に関する情報提供, ②海外における国際会議観光都市の宣伝, ③海外における関係機関との連絡調整やその他の支援, ④国際会議観光都市において開催される国際会議などのための寄付金の募集, 交付金の交付, ⑤必要に応じた通訳案内士および旅行業者その他の斡旋）を実施している（千葉 2019：108）.

13） 前身は1960年に日本のコンベンション振興を図る組織として設立された任意団体「日

本コンベンション・ビューロー」．幾度かの変遷を経て2009年に日本のコンベンション振興を図る組織として設立され，国内・国際コンベンションの誘致促進や日本のコンベンション振興のために各種事業を実施している（JCCB 2019b）．

14)　パークハイアット東京，ウエスティンホテル東京，ザ・リッツ・カールトン大阪，2000年に入りコンラッド東京，マンダリンホテル東京などが進出．

15)　2003（平成15）年1月に当時の首相であった小泉純一郎が「2010年に訪日外国人を1000万人にする」と観光立国を宣言し，同年4月に「ビジット・ジャパン・キャンペーン」がスタートした．

## 参考文献

ICCA（2019）*Definition of "MICE"*,
　〈https://www.iccaworld.org/aeps/aeitem.cfm?aeid=29〉2019/6/15.

UNWTO（2019）*Understanding Tourism: Basic Glossary,*
　〈http://cf.cdn.unwto.org/sites/all/files/docpdf/glossaryenrev.pdf#search='Understanding+Tourism%3A+Basic+Glossary,'〉2019/6/15.

観光庁（2009）「MICE推進アクションプラン――国際交流拡大のためのMICE推進方策検討会　報告書――」〈https://www.mlit.go.jp/common/000046200.pdf〉2019年6月28日取得.

――（2017）「［訪日外国人消費動向調査］平成28年（2016年）年間値」〈http://www.mlit.go.jp/common/001179539.pdf〉2019年6月28日取得.

――（2018a）「『MICE簡易測定モデル』をバージョンアップ！」〈http://www.mlit.go.jp/kankocho/page07_000018.html〉2019年6月29日取得.

――（2018b）「我が国の国際MICE全体による経済波及効果は約1兆円！――主催者等の負担分も含めた外国人参加者1人当たり総消費額は平均33.7万円――」〈http://www.mlit.go.jp/kankocho/news03_000175.html〉2019年6月29日取得.

――（2019a）「MICEの誘致・開催の推進」『政策について』〈http://www.mlit.go.jp/kankocho/shisaku/kokusai/mice.html〉2019年6月7日取得.

――（2019b）「グローバルMICE都市」『政策について』〈http://www.mlit.go.jp/kankocho/page03_000049.html〉2019年6月28日取得.

桑田政美（2017）『博覧会と観光 復興と地域創成のための観光戦略』日本評論社.

JCCB［(一社)日本コングレス・コンベンション・ビューロー]（2019a）「変遷」〈https://jccb.or.jp/about-us/org-history/〉2019年6月15日取得.

――（2019b）「概要」〈https://jccb.or.jp/about-us/〉2019年6月15日取得.

JTB総合研究所（2019）「国際会議」『観光用語集』〈https://www.tourism.jp/tourism-database/glossary/convention/〉2019年6月15日取得.

杉原淳子（2009）「地域戦略――環境適応と社会貢献――」杉原淳子・金子順一・森重喜三

　　雄編著『新ホテル運営戦略論』嵯峨野書院.

田部井正次郎（2017）『観光MICE ——集いツーリズム入門——』古今書店.

千葉千恵子（2019）「MICE推進施策」白坂蕃・他編『観光の辞典』朝倉書店.

日本政府観光局［JNTO］（2019）「国際会議統計」〈https://mice.jnto.go.jp/documents/statistics.html〉2019年6月30日取得.

安本達式（2019）「中央の観光関係団体」白坂蕃ほか編（2019）『観光の辞典』朝倉書店.

UNWTO駐日事務所（2019a）「国連世界観光機関（UNWTO）とは」〈https://unwto-ap.org/about/〉2019年6月15日取得.

——（2019b）「歴史」〈https://unwto-ap.org/about/history/〉2019年6月20日取得.

# 第10章　オリンピックについて

## は じ め に

　オリンピックは，大会開催前から開催後の何年にもわたり，各種国際会議や
文化行事の開催，各国および関係企業の展示館の開設など多様な複合イベント
である．また，財源確保のためのオリンピックマーケティングプログラムは，
FIFAワールドカップ，ラグビーワールドカップ，アジア競技大会など，さま
ざまなスポーツイベントの参考とされている．
　本章では，MICEの構成要素のすべてを含んだ世界規模のイベントであるオ
リンピックについて理解を深めることを目的とする．
　構成は，10. 1でオリンピック史上のトピックスを辿ることで近代オリンピッ
クの系譜を確認し，10. 2，10. 3で主要ステークホルダーの役割を明確にし，
オリンピックマーケティングプログラムの内容を把握する．10. 4ではMICEの
視座でオリンピックを俯瞰し，おわりにで今後の展望を示すこととする．

## 10. 1　オリンピック史上のトピックス

### 10. 1. 1　古代オリンピック

　1894年に始まった近代オリンピックの前身は，古代ギリシャで行われていた
「オリンピア祭典競技」，いわゆる古代オリンピックであり，考古学的な研究に
よると，始まりは紀元前9世紀ごろとされている．近代オリンピックは，世界
平和を究極の目的としたスポーツの祭典だが，古代オリンピックはギリシャを
中心にしたオリンピア信仰を維持するためのヘレニズム文化圏の宗教行事だっ
た（JOC 2019a）．

　古代オリンピックは，ギリシャ人以外の参加を認めていなかったが，紀元前146年にギリシャはローマ帝国に支配され，ローマが支配する地中海全域の国から競技者が参加するようになった．ローマのテオドシウス帝が，当時のヨーロッパに秩序をもたらし，ローマ的な享楽的生活を否定したキリスト教を，392年にローマ帝国の国教と定めた（原田 2016：96）．これによりオリンピア信仰を維持することは困難となり，393年に開催された第293回オリンピック競技大祭が最後の古代オリンピックとなった（JOC 2019a）．

### 10.1.2　近代オリンピック

　古代オリンピックが途絶えて1500年余の時が流れた1894年6月23日にパリの万国博覧会に際し開かれたスポーツ競技者連合の会議の席上で，フランスのピエール・ド・クーベルタン男爵によって提唱された古代オリンピックにならった近代オリンピックの開催と，そのための国際オリンピック委員会（International Olympic Committee：以下IOC）の設立が決定され，1896年にアテネで第1回オリンピック競技大会が開催された（JOC 2019a）．

　クーベルタンは，スポーツを通じて精神と肉体を育みながら健康増進を図り，文化・芸術を称賛し，国際理解を醸成し，さらに人々により高みを目指すよう勇気づけることができるというオリンピック理念が，相互理解，友愛，寛容という普遍的価値の普及に役立ち，平和的世界の構築に資すると確信した．

　さらに，この考えに対してさまざまなステークホルダーに出資してもらうことが事業を成功させる鍵だと理解し，有力者をIOCメンバーに招き，各国のスポーツ指導者および競技連盟に参加を確約させ，オリンピック開催のための公的支援を確保し，同時に後援者（企業，公的組織，個人など）にも出資を要請し，メディアの協力によりオリンピックのニュースを流すことで人々の関心を高め，世の中にアピールすることに重点を置き，第1回アテネオリンピックは，切手，チケットおよび記念メダルの販売，広告ならびに個人の寄付など幅広い資金源によって運営された（Alain et al. 2011：16）．

　1896年のアテネオリンピックに続く3度のオリンピックは，万国博覧会の「余興」として開催された．1900年の第2回パリ大会はパリ万博と，1904年の第3回セントルイス大会はセントルイス万博と，1908年の第4回ロンドン大会は仏

英万博と併催されたが，1912年の第5回ストックホルム大会から独立性を発揮した（田部井 2017：165）．

　ストックホルム大会は，オリンピック競技大会組織委員会（Organising Committee for the Olympic Games：以下OCOG）が，公的資金（スウェーデン，ストックホルムなど），スポンサーシッププログラム，ライセンスプログラム，スポーツくじなど，多様な収入源から資金を得て成功した．注目する点として，OCOGのマーケティングプログラムに写真撮影およびお土産に関する独占的権利販売が，新たに加わったことがあげられる（Alain et al. 2011：17）．これが，現在のオリンピックマーケティングプログラム[2)]のベースになったといえよう．

　しかし，クーベルタンは，ストックホルムオリンピックの成功の一方で，過度な商業化により，多くの国で「Olympic Games」の名称が過剰に使用されることなどを懸念し，これをきっかけとして1913年にオリンピックの名称を保護することを目的とした新たなIOCガイドラインを制定すると同時に，オリンピック・ムーブメント[3)]のシンボルである5つの輪が組み合わされたデザインを考案した（Alain et al. 2011：17）

　また，1909年5月，クーベルタンからの呼びかけによって嘉納治五郎（東京高等師範学校［現在の筑波大学］校長）がアジアで初めてのIOC委員に就任し，日本として初めてオリンピックに参加したのがストックホルム大会でもあった（JOC 2019a）．

　そして，1940年の第12回大会は東京で開催される予定だったが，1937年に日中戦争が勃発し返上，同時に同年開催予定だった第5回札幌冬季オリンピック[4)]も返上することとなり日本開催は幻となった（JOC 2019a）．

## 10. 1. 3　第二次世界大戦後のオリンピック

　戦後の最初のオリンピックは，1948年の第14回ロンドン大会であったが，戦争の責任を問われ日本とドイツは招待されなかった．日本が戦後オリンピックに参加したのは1952年の第15回ヘルシンキ大会からである．

　そして，1964年に日本で初めて第18回東京大会が開催され，パラリンピックが併催されるようになった初めての大会でもあった．これにより東海道新幹線の開通，高速道路の整備などの都市インフラの整備や電化製品などの生活イン

フラも普及し国家事業の様相を呈しており，その後の日本の高度成長に大きく寄与した．東京大会は，現在も活用されている多くの遺産（レガシー）を残し[5]たオリンピックとなった．オリンピックが開催地にもたらす影響は大きいといえる．

そして，1984年の第23回ロサンゼルス大会は，現在のオリンピックマーケティングプログラムが始まった大会となった．

IOCは，それまで大会開催毎に赤字が続いていたが，大会組織委員長のピーターロペスがビジネス界に即したスポンサーシッププログラムを構成し，企業ニーズを実現することを目指した戦略を策定した．つまり大企業がどのような目的を持ち，どのようなメリットを追求しているかを考案した．

具体的には，社会的イメージや製品の認知度，従業員の士気の向上や，ある企業がスポンサーシッププログラムの権利を購入すると同一の製品カテゴリーにおける競合他社は，オリンピックと関連づけられる権利を購入できないという製品カテゴリー単位，一社独占という新しい独占販売方式などを導入した（Alain et al. 2011：21）．

また，独占放送権収入，マスコットの商品化により独自収入を確保し，5000万人のボランティアを募り大会運営の担い手にするなどし，前例のない大幅な黒字化が図れた．これはオリンピックを極端に商業化させたという批判もあるが，財政的に大きなメリットがあった．翌1985年に世界規模のオリンピックマーケティングプログラムが本格化し，放送プログラム，スポンサーシッププログラム[6]など現在に至っている（田部井 2017：166）．

1986年にIOCは，それまでの夏季大会と冬季大会の同年開催を1992年までとし，これ以降は交互に行うことを決定した．これは，主にできるだけ多くの広告収入を得たいテレビ局からの圧力と，スポンサーに対して多くの価値を提供し，潜在的収益を最大化することで，収支面で黒字が期待できる優良イベントとして確固たる地位を確保し，オリンピックブランドに対する統制を強化したいIOCの思惑によるものであった（Alain et al. 2011：21）．

一方，ネガティブな面も露呈してゆくことになる．2004年の第28回アテネ大会は，大規模な都市開発がともなう国家主導の大会となり，国際空港，地下鉄，高速道路の建設などインフラ整備に多額の資金が使われ，ギリシャの財政悪化

を招く要因の１つになった．2008年の第29回北京大会では，大会前，大気汚染やチベット問題で揺れた大会となり，人権問題がくすぶり，外国人観光客数は予想を下回り，交通規制もあり，日常の経済活動は低下した（原田 2016：111-114）．

　特にここ数年，開催地のコストへの懸念や関連施設建設のための住民の強制退去など，世論の批判で誘致機運に逆風が吹き，欧米諸国を中心に住民投票での敗退や政治判断による招致辞退が続いた．冬季大会の2022年招致では候補地４都市，2026年招致も当初多くの候補地があったが，カルガリー（カナダ）やシオン（スイス）が住民投票で撤退したため最終的に候補地として残ったのは２都市であった．夏季大会でもIOCは，2024年の開催地を決定する2017年の総会で，候補地に残ったパリ，ロサンゼルスの２都市をそれぞれ2024年，2028年大会の開催地とする異例の決定をした（結城 2019）．

　オリンピック憲章規則［以下憲章規則］33 [7]（IOC 2019a：61）で，開催７年前にIOC総会での投票で開催都市を決定することが定められていたが，IOCは2019年６月26日の総会で規則33を撤廃し，高額な経費負担に対する世論の反対などで招致機運がしぼむ傾向にあるオリンピックの存続の危機感から，入札を基本とする従来の選考の枠組みを転換し，IOCが何年前でも候補地を提案できる裁量をもち，総会で決定できるようにIOC主導で候補地を「育成する」手法を導入し，必要に応じ住民投票を課することも決定した [8]（『読売新聞』2019a）．

　そして，2020年に東京オリンピック・パラリンピック競技大会（以下東京2020）を迎える．前述のように1964年の東京大会では，都市インフラや生活インフラなどのレガシーを残した．

　今大会のビジョンの３つの基本コンセプトは，「全員が自己ベスト」，「多様性と調和」と「未来への継承」であり，これらが大会運営のあらゆる場面において反映される．特に，「未来への継承」は，「（中略）成熟国家となった日本が，今度は世界にポジティブな変革を促し，それらをレガシーとして未来へ継承していく」としている（TOCOG 2019a）．つまり「持続可能性」を示唆しているといえよう．

　2015年に国連において，「持続可能な開発のための2030アジェンダ」が採択され，「持続可能な開発目標（SDGs）」 [9] が掲げられた．この2030アジェンダにお

いても，スポーツは持続可能な開発における重要な役割を担うとされている．そしてTOCOGは，SDGsの推進協力に対して，2018年11月に国連と基本合意書を締結している（TOCOG 2019b）．

　具体的な取り組み例として，金，銀，銅メダルを使用済み携帯電話などの小型家電などから金属を集めて製作する「都市鉱山からつくる！　みんなのメダルプロジェクト」，プラスチックの処理や海洋プラスチック汚染が大きな課題となる中，国内から集める使用済プラスチックの再生利用を基本に，海洋プラスチックを一部活用して表彰台を製作する「使い捨てプラスチックを再生利用した表彰台プロジェクト〜みんなの表彰台プロジェクト〜」，自治体から無償で借り受けた木材を使用して選手村ビレッジプラザを建設し，大会後に解体された木材を各自治体で活用する「日本の木材活用リレープロジェクト〜みんなで作る選手村ビレッジプラザ〜」などがあげられる（TOCOG 2019b）．また，聖火台のデザインの基となる基本理念を「太陽」とし球体で燃料には東日本大震災の被災地の福島県浪江町に新設される工場で製造した次世代エネルギーの水素を使用し「復興五輪」の象徴としている（『読売新聞』2019b）．

　なお，東京2020はオリンピック改革のスタートとして位置づけられているという（TOCOG 2019a）．

## 10.2　オリンピック・ムーブメントのステークホルダー

　オリンピック・ムーブメントのステークホルダーは，主要3構成要素のIOC，国際競技連盟（以下IF），国内オリンピック委員会（以下NOC）（IOC 2019a：12）に加え，開催都市決定後一時的に設置されるOCOG，競技委員，レフリー，国内の協会，クラブ，個人も含まれ，他にもプロスポーツリーグやIOCの承認するその他の機関，政府，オリンピックボランティア，一般大衆などがあるが，とりわけ財政面からスポンサーやメディアは重要なステークホルダーであり構成要素である．

　本節では，主要3構成要素とOCOGの役割などについて確認する．

### 10. 2. 1　国際オリンピック委員会（International Olympic Committee： IOC）

IOCは，本部をローザンヌ（スイス）におき，憲章規則2（IOC 2019a：13）で「IOCの使命は世界中でオリンピズムを促進し，オリンピック・ムーブメントを主導することである（中略）」，憲章規則15.3（IOC 2019a：27）で，「（中略）目的はオリンピック憲章に課された使命，役割，責任を果たすことである」とされ，使命や目的が規定されている．

また，憲章規則24（IOC 2019a：49）では，IOCはテレビ放映権，スポンサー権，ライセンス権，およびオリンピック資産などの権利を活用し[10]，オリンピック競技大会を開催することにより収入を得て，主にNOC，IFおよびOCOGへの資金提供を通じてアスリートを競技内外で支援するとされており，財源と支出について規定されている．

### 10. 2. 2　国際競技連盟（International Federation：IF）

IFは，ある競技または，ある競技に関連する各国の規則を管理する非営利組織であり，財源と影響度の観点からIFをオリンピックIF（夏季または冬季オリンピックの種目），IOC承認IF（オリンピックへの参加を希望する種目）およびその他のIFの3つに分類している（Alain et al. 2011：35）．

そして，憲章規則26（IOC 2019a：51）は，IFのオリンピック・ムーブメントにおける使命と役割を「オリンピック精神に則り，自身の競技実施に関する規則を定め，強化し確実に適応する」，「当該競技の管理と指導の責任を負う」としている．つまり，オリンピックIFが，審判やレフェリーなどの技術役員を派遣し，各競技種目のルールを適応して判定など管理・指導の責任を負うことが規定されている．

### 10. 2. 3　国内オリンピック委員会（National Olympic Committee：NOC）

NOCについて，憲章規則27.2.1（IOC 2019a：52）で，「NOCの使命はオリンピック憲章に則り，自国においてオリンピック・ムーブメントを発展させ，推進し，保護することにある」とし，規則27.3（IOC 2019a：53）で，「NOCはオリンピック競技大会およびIOCが後援する地域，大陸，または世界規模の総合競技大会

で自国を代表する独占的な権限を持つ．さらにNOCはオリンピアード競技大会に選手を派遣し参加する義務がある」，規則27.4（IOC 2019a：53）で，「NOCは自国において，オリンピック競技大会の開催を目指し立候補申請する可能性のある都市を選定する独占的な権限をもつ」と規定している．このようにNOCはIOCの地域機関的な役割を担っているが，法的には独立した組織である．

　日本においてのNOCは，（公益財団法人）日本オリンピック委員会（Japanese Olympic Committee：JOC）である．

### 10. 2. 4　オリンピック競技大会組織委員会（Organising Committee for the Olympic Games：OCOG））

　IOCは，前述（10.1.3）のように今までオリンピック開催の7年前に開催都市を決定しており，決定後，開催都市および開催国のNOCと開催合意書面（開催都市計画）を交わした後に，開催国のNOCの責任において直ちに設立される法人格をもつ期限付き組織がOCOGである．OCOGは，設置期間中，オリンピック競技大会の開催を実現するために準備などをおこない，NOC，開催都市との3者で，開催，運営の連帯責任を負う（IOC 2019a：63-65）．

　なお，2020年東京オリンピック・パラリンピック競技大会組織委員会（以下TOCOG）[11]は2014年1月24日に設立されている（JOC 2014a）．

　OCOGは，終了後の業務も含めオリンピック開始前7年から終了後の約3年の10年余り，設置されることになる．したがって，ユースオリンピック組織委員会[12]を含めると世界中には常に5～6つのOCOGが設置されている状況である（Alain et al. 2011：34）．

## 10.3　オリンピックマーケティングプログラム

　IOCは，オリンピックの長期的な収益の流れを継続的に生み出し，可能にし，成長を支援するものとしてオリンピックマーケティングプログラムを位置づけており，オリンピック・ムーブメントの継続性を担保するための財源としている（IOC 2019b）．

### 10. 3. 1　IOCとOCOG

　2013年から2016年のIOCの収益構成は，放送プログラム41億5700 USドル（構成比73％），TOPプログラム（TOP：The Olympic Partner）[13]10億300USドル（18％），他のプログラム（ライセンス供与，物品販売など）9％であった．前者2つのプログラムで実に91％を占め，大きく依存していることがわかる（IOC 2019c：6，8）．また，その収益の90％がオリンピック・ムーブメント（OCOG，NOC，IFなど）に分配され，残りの10％がIOCのプロモーション活動やオリンピック理念の普及，運営費などの財源となっている（IOC 2019c：6）．

　OCOGの主な収益源は，IOCからの負担金，国内スポンサーシッププログラム，チケット販売，ライセンスプログラム，物品販売などであり，さらに開催国，開催都市などからの負担金である．これらは，オリンピック競技大会などのインフラ整備や開催準備，運営費用などに充てられる（**図10-1**）．

　なお，TOCOG予算V3（バージョン3：2018年12月18日付）によると，東京2020の経費負担は，TOCOGが6000億円，国と東京都で7500億円の合計1兆3500億円となっている（TOCOG 2018）（**表10-1**）．

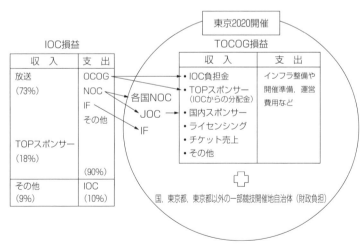

**図10-1　財務面からの主要構成要素の東京2020ムーブメント概念図**

表10-1　東京2020収入予算Ｖ3
（バージョン3）

| 項　目 | 金　額 | 構成比 |
|---|---|---|
| IOC負担金 | 850 | 14.2 |
| TOPスポンサー（IOCからの分配※） | 560 | 9.3 |
| 国内スポンサー | 3200 | 53.3 |
| ライセンシング | 140 | 2.3 |
| チケット売上 | 820 | 13.7 |
| その他 | 330 | 5.5 |
| 増収見込 | 100 | 1.7 |
| 計 | 6000 | 100.0 |

※は筆者加筆
（出所）　TOCOG（2018）「組織委員会予算
Ｖ3（バージョン3：2018年12月18日）」
〈https://tokyo2020.org/jp/
games/budgets/〉2019年9月14日
取得を基に筆者加筆.

## 10.3.2　放送プログラム

　憲章規則48.1と2（IOC 2019a：81）で，IOCは，さまざまなメディアによる，できる限り広範囲な取材・中継を保証し，世界中の可能な限り多くの人々による視聴を保証するため，必要なあらゆる措置をとるとし，すべて決定権はIOCにあると規定している．このためIOCは，オリンピックに高い注目を集めるために，可能な限り幅広い報道が実現されるよう取り組んでいる．

　また，憲章規則48付属細則1（IOC 2019a：81）で「オリンピック競技大会のメディアによる取材・中継がそのコンテンツを通じ，オリンピズムの原則と価値を広め，奨励することはオリンピック・ムーブメントの目的の1つである」としており，オリンピックでのメディアの重要な役割を示している．

　一方，前述（10.3.1）したように放送プログラムは，IOCにとって大きな収入源の柱にもなっており，1985年に世界規模のオリンピックマーケティングプログラムが本格化して以降，放送プログラムの交渉はIOCの管理下で実施され，近年はマルチメディア（インターネット，携帯電話）放送権も含め獲得競争の激化で高額化している．特に，米国のテレビ局は他国と比較しても巨額の放映権を[14]

支払っている．このため米国で人気の競技が米国時間のゴールデンタイムに合わせて実施されるケースが増え，開催地の日程づくりや選手のコンディション調整に負担を強いている．東京2020大会でも競泳や陸上の一部種目の決勝が午前中に実施される（『読売新聞』2019a）．

### 10. 3. 3　スポンサーシッププログラム

IOCは，スポンサーシッププログラムとして1985年にオリンピックパートナープログラム（TOP［The Olympic Partner］プログラム）を立ち上げた．

TOPプログラムは，スポンサーシッププログラムの最高レベルに位置しIOCによって管理されている．そのスポンサーはワールドワイドオリンピックパートナーあるいはTOPパートナーと称されている．

TOPパートナーは，大会の開催を直接的に支援し，資金とノウハウを提供するグローバル企業であり，夏季オリンピック，冬季オリンピックおよびユースオリンピックに関連した全世界での製品カテゴリーにおけるマーケティングの権利，指定されたオリンピック映像及びマークを独占的に使用できる権利が付与されている（IOC 2019d）．

製品カテゴリーにおけるマーケティングの権利とは，例えばコカ・コーラはノンアルコール飲料カテゴリー，トヨタ自動車はモビリティ（車両，モビリティサービス，モビリティサポートロボット）カテゴリー，サムスンは無線通信設備カテゴリー，パナソニックは映像・音響カテゴリー，VISAは消費者決済システムカテゴリーというように明確に分類された製品カテゴリーにおいて独占権を所有し，全世界的なマーケティング活動を実施できる権利をいう．

次に各国・地域のNOCやOCOGのスポンサーが参画するローカルパートナープログラムである．このプログラムは，TOPパートナーと競合しない製品カテゴリーに限定され，OCOGのプログラムは開催までの４年間のみ開催国内で，NOCのプログラムは自国内・地域内でマーケティング活動が実施できるプログラムである（IOC 2019d）．

これらのスポンサーシッププログラムの根本は，オリンピック・パラリンピックに関する「知的財産」をスポンサーシップ，ライセンシングなどの権利として，カテゴリーごとに販売するものであるため「知的財産」の保護が確立され

なくてはマーケティングそのものが成立しないとされている（TOCOG 2019c）．

　そのため大会開催国では，当該国の法律を適応，あるいは特別法を制定して，スポンサーシッププログラムの権利を含めオリンピック資産を知的財産権としてアンブッシュマーケティング[15]から保護してきた[16]．

　主な知的財産は，オリンピックシンボル（五輪のマーク），各オリンピック大会のエンブレム・マーク・マスコット・ピクトグラム，大会名称，各オリンピック大会の静止画・動画・音声・楽曲・メダル，聖火，ポスター，イメージなどが示されている（JOC 2019b）．

　オリンピックマーケティングプログラムの仕組みは，FIFAワールドカップ，ラグビーワールドカップ，アジア競技大会などさまざまなスポーツマーケティングプログラムの参考とされている．

　ここで，東京2020のスポンサーシッププログラムを概観する．

　最高位にはIOCが管理しているTOPパートナーがあり，次にTOCOGが管理しているローカルパートナーであるTier 1，Tier 2，Tier 3のレベルのパッケージが用意されており，レベルによって与えられる権利は違ってくるとされている（TOCOG 2019d）（図10-2）．

　通常NOCは，自国内または地域内の権利を有するが，大会の開催国では，NOCとOCOGが統合した1つのマーケティング，すなわち「ジョイントマーケティング」と呼ばれるOCOGによるスポンサーシッププログラムを構築することが義務付けられているため，東京2020のスポンサーシッププログラムでは，JOCのマーケティング資産（ロゴや呼称など）の使用権をTOCOGに移管し，TOCOGは本来の権利と共に販売することになる（TOCOG 2019d）．

　また，TOPパートナーは，世界規模の独占的マーケティング機会のほかに以下の権利を有している（Alain et al. 2011：226）．

① あらゆるオリンピックシンボルおよび製品に関する適切なオリンピック・デジグネーション（称号[17]）の使用

② オリンピックにおけるホスピタリティの機会

③ オリンピックの放送広告の優先的権利を含む直接的な広告宣伝

④ 現地での営業権・営業許可および製品の販売・展示の機会

⑤ アンブッシュマーケティングからの保護

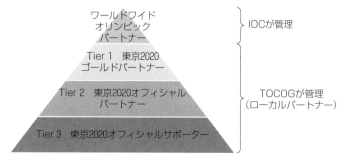

（出所）　TOCOG（2019d）「スポンサーシップについて」〈https://tokyo2020.org/jp/
organising-committee//marketing/sponsorship/〉2019年 7 月20日取得を
基に筆者作成.

**図10- 2　オリンピックマーケティングのスポンサーシップ構造**

⑥ 幅広いオリンピックスポンサーシップ認知プログラムによるTOPパート
　　ナーへのサポートの周知

　筆者は，2008年の北京大会でTOPパートナーのスポンサーシップ業務に従
事した経験を踏まえ，これらの権利について紹介する.

①　エンブレムや「東京2020オリンピック競技大会」など呼称の使用権.

②　グローバル企業であるTOPスポンサーは，世界から顧客などを大会開
　　催国に招き，多様なホスピタリティプランが実施できるようさまざまな権
　　利を有している．具体的には，競技チケット，宿泊施設，バス，セダンな
　　ど輸送手段の優先的権利や関係者輸送道路および競技場内関係者専用駐車
　　場利用権，競技場など関係個所への入場許可証の発行などがある.

③　TOPパートナーは優先的に広告枠の購入の権利を有している（Alain et
　　al. 2011：136-137）．しかし，憲章規則20（IOC 2019a：82）「（中略）オリンピッ
　　ク用地の一部とみなされるスタジアム，競技場，その他の競技区域内とそ
　　の上空は，いかなる形態の広告，またはその他の宣伝も許可されない．ス
　　タジアム，競技会場，またはその他の競技グランドでは商業目的の設備，
　　広告表示は許可されない」の規定のためTOPパートナーといえでもオリ
　　ンピックが開催される競技場区域内で自社ブランドを表示することはでき
　　ない.

　　　ただし，憲章規則20付属細則 1 （IOC 2019a：83）「（中略）物品や用具の製

表10-2　TOPプログラムへの参画企業の推移

| TOPプログラム | 企業数 | 企業名 |
|---|---|---|
| TOP I プログラム（1985〜1988）<br>カルガリー（1988）<br>ソウル（1988） | 9 | 3 M，ブラザー，コカ・コーラ，フェデラルエクスプレス，コダック，パナソニック，フィリップス，スポーツ・イラストレイテッド誌（タイム・ワーナー），VISA |
| TOP II プログラム（1989〜1992）<br>アルベールビル（1992）<br>バルセロナ（1992） | 12 | 3 M，ボシュロム，ブラザー，コカ・コーラ，コダック，パナソニック，フィリップス，マース，リコー，スポーツ・イラストレイテッド誌（タイム・ワーナー），米国郵政公社，VISA |
| TOP III プログラム（1993〜1996）<br>リレハンメル（1994）<br>アトランタ（1996） | 10 | ボシュロム，コカ・コーラ，IBM，ジョン・ハンコック，コダック，パナソニック，スポーツ・イラストレイテッド誌（タイム・ワーナー），ゼロックス，VISA，UPS |
| TOP IV プログラム（1997〜2000）<br>長野（1988）<br>シドニー（2000） | 11 | コカ・コーラ，ジョン・ハンコック，コダック，マクドナルド，スポーツ・イラストレイテッド誌（タイム・ワーナー），ゼロックス，パナソニック，サムスン，VISA，UPS，IBM |
| TOP V プログラム（2001〜2004）<br>ソルトレイクシティ（2002）<br>アテネ（2004） | 10 | コカ・コーラ，ジョン・ハンコック，コダック，マクドナルド，シュルンベルジェセマ，スポーツ・イラストレイテッド誌（タイム・ワーナー），ゼロックス，パナソニック，サムスン，VISA |
| TOP VI プログラム（2005〜2008）<br>トリノ（2006）<br>北京（2008） | 11 | コカ・コーラ，GE，コダック，レノボ，マニュライフ，マクドナルド，オメガ，パナソニック，サムスン，ATOS，VISA |
| TOP VII プログラム（2009〜2012）<br>バンクーバー（2010）<br>ロンドン（2012） | 11 | コカ・コーラ，GE，コダック，レノボ，マニュライフ，マクドナルド，オメガ，パナソニック，サムスン，ATOS，VISA |
| TOP VIII プログラム（2013〜2016）<br>ソチ（2014）<br>リオデジャネイロ（2016） | 12 | コカ・コーラ，ATOS，ブリヂストン（2014年に契約），ダウ，GE，マクドナルド，オメガ，パナソニック，P&G，サムスン，トヨタ（2015年に契約のためリオでは日本国内のみの権利），VISA |
| TOP IX プログラム（2017〜2020）<br>平昌（2018）<br>東京（2020） | 13 | コカ・コーラ，アリババ，ATOS，ブリヂストン，ダウ，GE，インテル，オメガ，パナソニック，P&G，サムスン，トヨタ，VISA |

（出所）　Alain, F. et al.,*OLYMPIC MARKETING* , Routledge, p.133を基に筆者加筆.

造者識別表示はその限りではない．この場合，識別表示目的で，著しく目立つように付けてはならない（中略）」により掲示システムや結果表示板やシャツ，靴などは製造者識別表示として規則内で表示できる（例：オメガ）．

④　TOPパートナーは，権利を得るために現金や現物を納めているが，そ

れとは別にサプライヤーとしての権利も契約により有している場合がある．

　TOPパートナーであるパナソニック社の「東京2020」関連の売上について，2015年度から2020年度の東京五輪関連売上高として「1500億円以上」を計画していたが，競技場向けの『直接需要』や周辺ホテルや商業施設向け『間接需要』のほか，自動翻訳機，多言語ソリューション，新決済システムなど『新規需要』で想定以上の売上が期待できるとしている（ロイター通信 2015）．つまり，直接需要はサプライヤー契約の権利を行使していることを示している．また，展示に関しては大会期間中，自社商品の展示や主催者，選手，観客へサービス提供のための展示場やブースを設けており，マーケティング活動を積極的に実施している．

⑤　前述のように開催国の法律の適応，あるいは特別法を制定し対応している．

⑥　数社のTOPパートナーは，長期にわたる契約を締結していることから，オリンピックのスポンサーシップから得られる満足度が高くサポートが周知されていることを示している（Alain et al. 2011：134）．参考までに1985年から2020年までのTOPプログラムへの参画企業の推移を示す（**表10-2**）．

## 10.4　MICEの視座でのオリンピック

　前章のようにMICE開催にあたっては，コンベンション施設，宿泊・飲食，交通・観光，展示装飾，人材派遣業，コンベンション企画運営会社などさまざまな関連産業が支えている．特にオリンピックは，各種会議開催などを含めたイベントであるため世界最大規模の総合イベントであるといっても過言ではない．

　会議関係については，大会開催前から各種の国内・国際会議が実施されている．TOCOGのホームページから主だった会議の第一回の開催日を確認すると，IOC調整委員会会議（2014年6月25日～），輸送連絡調整会議（2015年7月30日～），東京オリンピック・パラリンピック調整会議（2016年3月3日～），テクノロジー諮問委員会（2016年3月9日～），マスコット選考検討会議（2017年1月17日～），飲食戦略検討会議（2017年3月13日～），チケッティング戦略に関する有識者会議

（2018年4月11日～）などが実施されており，大会開催まで開催される．このほかにもIF，IOC，メディア，スポンサー，サプライヤー関係などの会議が開催されている．

また，憲章規則39（IOC 2019a：68）で「OCOGは少なくともオリンピック村の開村から閉村までの期間，文化イベントのプログラムを催すものとする（中略）」とし，文化イベントの開催を義務づけている．そのため2012年ロンドン大会では，その前の北京大会終了時（2008年9月）からロンドン大会終了時（2012年9月）までにイベント総数は17万7717件（音楽，演劇，美術，文学，展示会など），総参加者数は約4340万人であった．東京2020では2016年から2020年までで20万件を目標として取り組んでいる（文化庁 2016：5, 10）．

競技関係では，憲章規則46付属細則5.1（IOC 2019a:80）で「（中略）オリンピック競技大会開催期間中に利用する施設，サービス，手続きの点検を目的にテスト大会を運営しなければならない」としているため2019年7月2日現在で56の各種競技のテストイベントが予定されている（TOCOG 2019e）．また，開催直前には代表チームなどの合宿も全国で実施され本番を迎えることとなる．

そして，開催中は各国・地域，スポンサーなどのショールームやパビリオンと呼ばれる展示場などが開設され，さまざまな宣伝やイベントが実施される．

以上を含め，ほかにもさまざまな会議やイベントが実施されるため，世界最大規模の総合イベントであるという所以が理解できよう．

## お わ り に

オリンピックは，世界各国・地域でレガシーを残し，世界最大規模の総合イベントとして君臨してきた．しかし，開催地の候補地選定など新たなビジネスモデルの構築が急がれる時期にもきている．

今後，オリンピック・ムーブメントのさらなる発展のためには，開催国，地域の住民への負担を最小限にし，後世に有用なレガシーを残すことが必要であるといえよう．

## 注

1 ）　のちに「近代オリンピックの父」と呼ばれる（JOC 2019a）．

2 ）　本章10. 3参照．

3 ）　オリンピック憲章［以下憲章］（IOC 2019a：10）で「オリンピック・ムーブメントは，IOCの最高権限の指導のもと，オリンピズムの価値に鼓舞された個人と団体による協調の取られた組織的，普遍的，恒久的活動である（中略）」と規定されている．また，同憲章で，オリンピズムは，肉体と意志と精神のすべての資質を高め，バランスよく結合させる生き方の哲学であり，スポーツを文化，教育と融合させ，生き方の創造を探求するものであり，その生き方は努力する喜び，良い模範であることの教育的価値，社会的な責任，さらに普遍的で根本的な倫理規範の尊重を基盤としており，目的は人間の尊厳の保持に重きを置く平和な社会の推進を目指すために，人類の調和のとれた発展にスポーツを役立てることであるとしている．

4 ）　第 1 回オリンピック冬季競技大会は，1924年の第 8 回パリ大会と同年にシャモニー・モンブランで開催された（JOC 2019a）．

5 ）　憲章規則2.15（IOC 2019a：14）で「オリンピック競技大会の有益な遺産（レガシー）を開催国と開催都市が引き継ぐよう奨励する（中略）」と規定され，オリンピックレガシーの分野としてスポーツ，社会，環境，都市，経済の 5 つの分野があるとしている（IOC 2013：5 ）．

6 ）　本章10. 3. 3参照．

7 ）　「オリンピック憲章は，国際オリンピック委員会（IOC）により採択されたオリンピズムの根本原則，規則および付属細則を成文化したものである．憲章はオリンピック・ムーブメントの組織，活動および作業の基準であり，オリンピック競技大会の開催のための条件を定める」（IOC 2019a：8 ）．

8 ）　2030年冬季オリンピックから適用（結城 2019）．

9 ）　本書第 8 章参照．

10）　オリンピック競技大会およびオリンピック競技大会に関するすべての権利．例えば名称，エンブレム，聖火，音声，映像，創作品，人工物など（IOC 2019a：19）．

11）　オリンピック競技大会組織委員会（The Organising Committee of the Olympic and Paralympic Games：OCOG）は，開催地域で設立された際に英文表記では当該の都市名などが頭に記載されるため，2020年東京オリンピック・パラリンピック競技大会組織委員会は，The Tokyo Organising Committee of the Olympic and Paralympic Games（TOCOG）である．

12）　IOCは，インターネット時代に入り，子供や若者が身体的な運動から遠ざかっている危機感と，若い世代に対しオリンピック精神・啓発を進めるという決意表明として2010年に14〜18歳の選手が参加するユースオリンピックを創設，第 1 回大会をシンガポールで開催した（JOC 2014b：18）．

13) 本章10. 3. 3参照.

14) 米三大ネットワークの１つであるNBCは2011年，2014〜2020年の夏季・冬季計４大会の米国向け放映権を43億8000万ドル（約4750億）で獲得している（『読売新聞』2019a）. トヨタ自動車のTOPパートナーの契約料は2024年までの10年間で２千億円程度，同じTOPパートナーのパナソニックの契約金は８年で300億円程度とみられる（『日本経済新聞』2015）. 以上より放送権の金額の巨額さは容易に理解できる.

15) 故意であるか否かを問わず，団体や個人が，権利者であるIOCやIPC（国際パラリンピック委員会）やTOCOGの許諾なしにオリンピック・パラリンピックに関する知的財産の使用やそのイメージを流用することを指す（TOCOG 2019c）.

16) 日本国内では商標法，不正競争防止法，著作権法などにより保護されている（TOCOG 2019c）.

17) 和訳は筆者追記.

## 参考文献

IOC（2013）*OLYMPIC LEGACY*
〈https://www.sportanddev.org/sites/default/files/downloads/olympic_legacy_booklet.pdf〉，2019/ 7 /15.

── (2019b)*Marketing Commission*
〈https://www.olympic.org/marketing-commission〉2019/ 7 /15.

── (2019c)*OLYMPIC MARKETING FACT FILE 2019 EDITION*〈https://stillmed.olympic.org/media/Document%20Library/OlympicOrg/Documents/IOC-Marketing-and-Broadcasting-General-Files/Olympic-Marketing-Fact-File-2018.pdf〉2019/ 9 /13.

── (2019d)*THE OLYMPIC PARTNER PROGRAMME*
〈https://www.olympic.org/partners〉2019/ 7 /20.

Alain, F. et al.（2011）*OLYMPIC MARKETING,* Routledge（アラン，F. ほか『オリンピックマーケティング──世界No. 1 イベントのブランド戦略──』原田宗彦監訳，スタジオタッククリエイティブ，2013年）.

IOC（2019a）「オリンピック憲章（2018年10月 9 日から有効）」（翻訳・編集 JOC国際専門部会 部会員 竹内浩）〈https://www.joc.or.jp/olympism/charter/pdf/olympiccharter2018.pdf〉，2019年 7 月 7 日取得.

JOC［日本オリンピック委員会］（2014a）「2020年東京オリンピック・パラリンピック競技大会組織委員会を設立！」〈https://www.joc.or.jp/news/detail.html?id=4819〉2019年 7 月16日取得.

── (2014b)「JOCがすすめるオリンピック・ムーブメント」〈https://www.joc.or.jp/movement/data/movementbook.pdf〉2019年 7 月 9 日取得.

──（2019a）「オリンピックの歴史」〈https://www.joc.or.jp/column/olympic/history/001.html〉2019年 7 月 9 日取得.

──（2019b）「JOCマーケティング」〈https://www.joc.or.jp/about/marketing/〉2019年 7 月10日取得.

田部井正次郎（2017）『観光MICE ──集いツーリズム入門──』古今書店.

TOCOG［(公益財団法人）東京オリンピック・パラリンピック競技大会組織委員会］（2018）「組織委員会予算Ｖ３（バージョン 3 ：2018年12月18日）」〈https://tokyo2020.org/jp/games/budgets/〉2019年 9 月14日取得.

──（2019a）「大会ビジョン」〈https://tokyo2020.org/jp/games/vision/〉2019年 7 月31日取得.

──（2019b）「持続可能性」〈https://tokyo2020.org/jp/games/sustainability/〉2019年 7 月31日取得.

──（2019c）「Brand Protection Guidelines大会ブランド保護基準 Version4.3」〈https://tokyo2020.org/jp/copyright/data/brand-protection-JP.pdf〉2019年 7 月20日取得.

──（2019d）「スポンサーシップについて」〈https://tokyo2020.org/jp/organising-ommittee/marketing/sponsorship/〉2019年 7 月20日取得.

──（2019e）「東京2020テストイベント」〈https://tokyo2020.org/jp/games/sport/testevents/〉2019年 9 月13日取得.

『日本経済新聞』（2015）「東京五輪へトヨタ動く IOC最高位スポンサーに」2015年 3 月14日付.〈https://www.nikkei.com/article/DGXLASDZ13H 7 S_T10C15A 3 TJ2000/〉2019年 7 月31日取得.

原田宗彦（2016）『スポーツ都市戦略──2020年後を見すえたまちづくり──』学芸出版社.

文化庁（2016）「文化プログラムの実施に向けた文化庁の取組について──2020年東京オリンピック・パラリンピック競技大会を契機とした文化芸術立国実現のために──」〈http://www.bunka.go.jp/seisaku/bunkashingikai/seisaku/14/02/pdf/shiryo 1 _ 1 .pdf#〉2019年 9 月13日取得.

結城和香子（2019）「五輪候補地 IOCが『育成』」『讀賣新聞』2019年 7 月10日朝刊, 13版, p. 7 .

『読売新聞』（2019a）「『商業化』拡大の弊害」2019年 7 月31日付朝刊, 13版, p. 19.

──（2019b）「聖火台『太陽』が理念」2019年 7 月24日付朝刊, 14版, p. 1 .

ロイター通信（2015）「パナソニックの東京五輪関連売上高, 1500億円はるかに超える＝役員」〈https://jp.reuters.com/article/panasonic-idJPKBN 0 TE 0 TQ20151125〉2019年 7 月30日取得.

# 第11章 博覧会と観光

## は じ め に

　観光の定義は中国の四書五経にある「観国之光，利用賓于王」を語源とし，観光学においては孫引きなども含めて多くの定義に関する議論がなされてきた．概ね「光を観る」「光を示す」と解釈される語である．光とはその国の優れたコト・モノ（文物，制度，建造物，景観など）をいう．これらの光を，訪れて見る，訪れた人々に見せる，この両面が観光の本質である．これらの光を一堂に集めて見物客を募り，多くの人々に見せたのが博覧会である．

　近代的博覧会の形式の原型となったのは1851年5月1日から10月11日までロンドンで開催された万国博覧会（第1回ロンドン万博）であるが，古くは紀元前にペルシャやエジプトにおいて当時の芸術品などの展示が行われていたことが博覧会の起源といえよう．また古代ローマにおいても領地拡大の戦争で勝利した時に戦利品を展示して領民に見せるなど，力を示す博覧会的な催しが行われていた．

　第1回ロンドン万博では，クリスタルパレス（水晶宮）という壮大なスケールのパビリオンに，産業革命によってもたらされたイギリスの最新技術や新製品が並び国力のアピールの場となると同時に，国際社会に向かって自由貿易主義・平和主義・民主主義的倫理の提唱をしたのである．博覧会と近代ツーリズムの結びつきはここから始まっている．このロンドン万博は5カ月の開催期間中に600万人を超える入場者があったが，イギリスのトーマス・クックは鉄道の割引交渉を行い，入場券とセットで団体旅行の販売により16万5000人を送り込んだのである．ちなみにトーマス・クックが広告によって参加者を募って団体旅行を組んで販売したのは1841年である．パック旅行の創始者であり世界初

といわれる旅行代理店の誕生である[1].

　観光面から見た博覧会は重要な集客装置であり，一過性のイベントではあるが開催に際しての都市のインフラ整備や新しい技術の公開，また技術開発のチャレンジの場として有効に機能してきた．その成果とレガシー（遺産）は都市・地域の発展の歴史上に大きな貢献をしている．

# 11. 1　博覧会の起源と定義

### 11. 1. 1　古代に行われていたイベント

　紀元前の古代ギリシャ，古代エジプト，古代ローマやシルクロードの交易都市など，さまざまな場所でイベント的な催しが行われてきた．一般社団法人日本イベント産業振興協会（2015）は古代イベントを下記の3つに分類しているが，いずれも現代の博覧会の起源ということがいえよう．

①覇権政策型イベント

　征服者や治世者などが，自らの権威と力を誇示するため，または規則や法などを人民に伝え理解させるために実施された行・催事である．即位式や格闘技，戦争の凱旋パレード，戦利品の展示会，演劇，古代オリンピックに代表される競技大会など政治と密着しているのが特徴的である．

②宗教儀式型イベント

　原始宗教や雨乞い，祈祷，生贄儀式など，宗教上の教えの普及や啓発のため，人民を集め実施されていたイベントである．奇跡の演出がある大がかりなものから，ミニ集会のようなものまで規模はさまざまで，メッセージ性の強いイベントである．

③市場交易型イベント

　宗教儀式の際などに定期的に開催されていた，物販中心の「市」や，交易都市などで他民族や異文化の商品・産物を販売したり交換したりするための大きな「市場」のような，経済活動を中心としたイベントである．これらは動員や話題づくりのため，エンターテインメントや食の名物づくりなどを併設し発展した．

このように，古代のイベントが，北アフリカ，ヨーロッパ，アジアなどを中心に広がり，さまざまな形で発達・融合し，現代の博覧会に発展したものと考えられる．

### 11. 1. 2　国際博覧会の定義

産業革命以後，技術の進歩は産業社会の発展を促し，その成果を誇る国際博覧会は，19世紀には，欧米諸国の都市において多く開催されるようになってきた．しかし，中には責任者や事業主体が曖昧なものや博覧会間の過当競争も目立つようになってきた．そのため開催頻度の規制や内容について規定すべきという声が関係諸国において高まってきた．

第一次世界大戦後，フランス政府の音頭で1928（昭和3）年に31カ国が参加して「国際博覧会に関するパリ条約」が起草され，併せてパリに「博覧会国際事務局」（BIE：Bureau International des Exposition）が開設された．現在の国際博覧会条約では，国際博覧会を「登録博（旧第1種一般博）」と「認定博（旧特別博）」とに分け，それぞれの基準や主催国の責任と参加国の義務などを規定している．日本におけるBIE承認の博覧会は5件あり，2025年には大阪・関西万博の開催が予定されている．それ以外にも，多くの地方博覧会が開催されている（図11-1）．

博覧会とは，「名称のいかんを問わず，公衆の教育を主たる目的とする催しであって，文明の必要とするものに応ずるために，人類が利用することのできる手段，又は，人類の活動の1つ若しくは2つ以上の部門において達成された進歩，若しくは，それらの部門における将来の展望を示すものをいう」と1928年にパリで国際博覧会条約が成立した時に定義されている（椎名 2005）．

◇登録博覧会（大規模・総合型）
- 5年に1回開催
- 期間は6カ月以内
- 100ha以上

◇認定博覧会（中小規模・テーマ型）
- 2回の登録博の間に1回開催
- 期間は3カ月以内
- 25ha以内

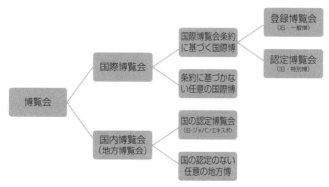

※国際博覧会：複数の国・機関・団体・企業等が参加する博覧会.
※国内博覧会：地方自治体や地域団体等が地域振興等を目的として開催する博覧会.
※旧通商産業省のジャパンエキスポ制度は2001年に終了した.
（出所）日本イベント産業振興協会JACEブレインネットワーク監修，梶原貞幸編著
　　　（2012）『イベント・プロフェッショナル――イベント業務管理士共通スキル
　　　公式テキスト１――』日本イベント産業振興協会.

**図11-1　博覧会の分類**

# 11.2　日本における博覧会の分類と系譜

### 11.2.1　博覧会の分類

　日本では，1877（明治10）年に第１回内国勧業博覧会が，富国強兵という日本を近代化し国力を増強するという国家目的のために東京・上野公園で開催されて以来，有名なものとしては，1970（昭和45）年に大阪・千里で開催された日本万国博覧会など，BIE（博覧会国際事務局）承認の国際博覧会や地方都市における博覧会が次々と開催された.

　筆者は，近代の1900年前後から現在までの博覧会を俯瞰し，40万人以上の入場者があった186の博覧会のタイトル，開催主体，開催テーマ，開催趣旨からその博覧会の主要コンセプトを引き出し，分類を行った. そうするとまず，博覧会開催における流れを４期に区切ることができる. すなわち，第Ⅰ期（明治・大正・戦前・戦中/1877〜1945年），第Ⅱ期（戦後・大阪万博まで/1946〜1970年），第Ⅲ期（大阪万博以降20世紀末/1970〜1990年代），第Ⅳ期（21世紀/2000年以降），である. さらに博覧会の背景として，日本の政治的，経済的，社会的な変動と対比させ

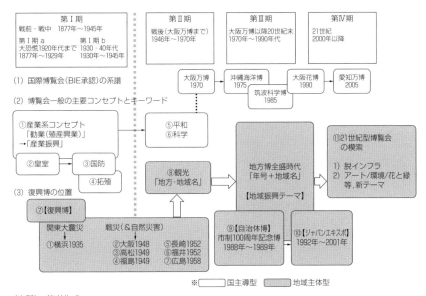

（出所）　筆者作成.

**図11- 2　日本の博覧会の開催コンセプトの変遷**

ると，主要コンセプトは大きく①から⑪の11のカテゴリーを見いだすことがで
きた（桑田 2017）（**図11- 2**）.

　日本における博覧会の歴史を俯瞰して見ると，大きな流れを見出すことがで
きる．日本で初めての近代的博覧会として開催された内国勧業博覧会の流れを
くむ国家主導型の産業振興を柱とした博覧会と，戦後の復興博覧会のテーマ，
内容にみられる都市・地域再生型の流れをくむものの二大潮流である．前者は
内国勧業博覧会を経て皇室関連，国防，拓殖，平和，科学そして国際博覧会と
続く流れである．国家の威信をかけて，国家の結束と発展の旗印のもとに開催
された．一方，後者は，主体が都市・地域であり，住民が地域の，そして自ら
の誇りを取り戻し，観光を取り入れて再生を図ろうとする地方博覧会の流れで
ある．現在各都市・地域で開催されている脱インフラ・アート活用によるイベ
ントは21世紀型博覧会としてその延長上に位置するものであると考える.

### 11. 2. 2　戦後の観光立国論

近年，「観光立国」という言葉が，2003（平成15）年の観光立国懇談会の開催，そしてビジット・ジャパン・キャンペーンの開始以来，日本において頻繁に使われるようになってきた．しかし，この言葉は新しいものではなく，1946（昭和21）年の第90回帝国議会請願委員会に初めて登場している（工藤 2007：93-96）．

財団法人日本交通公社理事長で国会議員となった高田寛らの「観光立国」の主張もあり，その影響を受けた東京都は1948（昭和23）年及び1949（昭和24）年に「観光講座」を開催している．その序に「経済自立の目的を達成する為には，国民食糧の一部を初め，多くの原料資材を国外に依存せざるを得ない我国としては，全力を挙げて外貨の獲得に努め，以て国際収支の維持改善を図るを必須の要件とする．然るに即今の我国は，如何に輸出産業を振興して見ても当分の間，輸入超過を免がるる事態はざるは，政府の諸計画に照合するも極めて明瞭であり，残るは即ち貿易外収入の方途あるのみであらう．戦前此点に於いて大いなる役割を演じた海運収入，海外投資，移民送金などによる収入源泉の悉く喪失した今日の日本に於いては，観光事業による外貨の獲得を以て唯一の途とせざるを得ないのである」と記している．

高田も，この講座の第1回の冒頭に「観光立国論」という表題で講演し，「将来の文化国家建設を促進する有効な手段として観光事業の振興がある．この事業を敗戦のわが国の国策として取り上げ，適切な振興方策を新たに樹立しなければならない」と述べている．内容は具体的に多岐にわたり，観光事業と主要課題（経済復興，文化政策，日本再建，失業救済，文化国家）についての提言，観光国土計画，観光施設の整備，海外への観光宣伝，観光事業法規の整備等々を論じている．その上で，国家としての観光政策を設定する機関を持つことが必要であると言及している．

松下電器産業グループ（現・Panasonic）の創始者である松下幸之助もまた，1954（昭和29）年発行の文藝春秋5月号で「観光立国の辯」を語っている．内容は現在の観光立国の考え方を先取りしたものであり，極めて示唆に富むものである．「戦後の日本は経済自立の道として，工業立国，農業立国，貿易立国が叫ばれてきたが充分な成果をあげなかった．観光立国こそ我が国に最も適している」「1年に100万人の外国人旅行者が平均10日滞在すると年間8億ドル（当

時のレートで約2800億円）のお金が落ちる」「外国人向けの良いホテルが必要であ
り，道路を始め観光施設の整備が必要である」「経済効果のみならず日本人の
視野が国際的に広くなる」「国土の平和のためという崇高な理念からも実行す
べき方策である」「観光省を新設し観光大臣を任命し，総理，副総理に次ぐ重
要ポストに置く」「各国に観光大使を派遣し宣伝啓蒙する」「国立大学のうち幾
つかを観光大学に切り替え観光学かサービス学を教える」等々を提案し，これ
らは決して突飛な夢物語ではなく，そうすれば日本の繁栄は大いに期待できる
と結んでいる．

　国政において高田寛が主張し，民間からは経営の神様と呼ばれる松下幸之助
が説いた国家・都市再生に果たす観光が持つ経済的・文化的な力の大きさが認
識されたのである．将来の文化国家（都市）建設の手段としての観光振興事業
の促進に寄与するために，博覧会において観光を冠したパビリオンの設置が多
くなされたのは，観光が復興の重要なファクターになっていたことの証とい
える．

### 11. 2. 3　博覧会と観光館

　1948（昭和23）年 9 月18日〜11月17日に大阪市天王寺区の夕陽丘にて開催さ
れた「復興大博覧会」は，太平洋戦争後の焦土と化した大阪における政治の貧
困，企業の経営不振，国民の無気力から復興の端緒をひらく世直しをするとし
たものであった．この博覧会に設置された観光館（写真11- 1 ）の内容を紹介する．

　全体的には堅苦しい館の多い中にあって，元禄模様の提灯をぶら下げお祭り
気分を演出している．国鉄（現・ＪＲ）や日本交通公社，全日本観光連盟共同
のカラー観光写真の壁面展示や大阪市を中心とした関西の大パノラマ，トヨタ
の乗用車の展示，模型電気機関車の走行，模型汽船の水上走行など日本の美し
さと観光資源の豊富さを認識させる．またパンアメリカン航空提供のカラー観
光映画の上映など盛り沢山の内容である．外国館も設置されており，観光館同
様に見知らぬ国への旅行の雰囲気を醸し出している．インドの象の相撲，ベニ
スのゴンドラ祭りなど各国の珍しい風俗と行事がジオラマで展開，国際情勢や
国連機関などの解説，ルーズヴェルト夫人などの世界のトップレディの紹介，
アメリカンライフの紹介などがされている．特筆すべきはPXの特別出品物で

（出所）　毎日新聞社（1949）『復興大博覧会誌』.

**写真11-1　観光館**

ある．コカコーラ，ビスケット，クラッカー，缶詰，煙草，チョコレート，衣料，靴，台所用品，スポーツ用品など憧れの物品展示がなされていた[3]．

### 11.2.4　ジャパンエキスポと地域活性化

　1980年代後半から，地域活性化の手段とした地域が抱えるさまざまな課題の解決の手段として地方博覧会が多く開催されるようになった．しかし，各地で開催される博覧会は，ややマンネリ化しており，創造的で独創的な内容を競って開催されることが少なく，開催効果や収支の面などにおいてさまざまな問題が発生するケースが相次いだ．このような背景があって，質と量の確保のため，一定の条件を満たした博覧会を国が認定し支援するというジャパンエキスポ制度が制定されたのである．

　この制度は，日本国内で開催される博覧会の中から「活力に富んだ個性豊かな地域経済社会の構築を実現させるため，産業の振興・国際交流の推進，住民意識の向上等に大きな効果を発揮する博覧会」を，国（通商産業省・当時）が「ジャ

## 表11-1　ジャパンエキスポ開催一覧

| 第1回 | 名　称 | ジャパンエキスポ富山 |
| | テーマ | 人間――その内と外　富山から世界へ・未来へ |
| | 開催期間 | 1992年7月10日〜9月27日 |
| | 開催地 | 富山県小杉町 |
| | 入場者数 | 237万人 |
| 第2回 | 名　称 | 三陸・海の博覧会 |
| | テーマ | 光る海，輝く未来 |
| | 開催期間 | 1992年7月4日〜9月15日 |
| | 開催地 | 岩手県釜石市・宮古市・山田町 |
| | 入場者数 | 201万人 |
| 第3回 | 名　称 | 信州博覧会 |
| | テーマ | 豊かな心の交遊と創造 |
| | 開催期間 | 1993年7月17日〜9月26日 |
| | 開催地 | 長野県松本市 |
| | 入場者数 | 240万人 |
| 第4回 | 名　称 | JAPAN EXPO世界リゾート博 |
| | テーマ | 21紀のリゾート体験 |
| | 開催期間 | 1994年7月16日〜9月25日 |
| | 開催地 | 和歌山県和歌山市 |
| | 入場者数 | 294万人 |
| 第5回 | 名　称 | 世界祝祭博覧会 |
| | テーマ | 新たな“であい”を求めて |
| | 開催期間 | 1994年7月22日〜11月6日 |
| | 開催地 | 三重県伊勢市 |
| | 入場者数 | 351万人 |
| 第6回 | 名　称 | 世界・焱の博覧会 |
| | テーマ | 燃えて未来 |
| | 開催期間 | 1996年7月19日〜10月13日 |
| | 開催地 | 佐賀県有田町 |
| | 入場者数 | 255万人 |
| 第7回 | 名　称 | 山陰・夢みなと博覧会 |
| | テーマ | 翔け，交流新時代へ |
| | 開催期間 | 1997年7月12日〜9月28日 |
| | 開催地 | 鳥取県境港市 |
| | 入場者数 | 193万人 |
| 第8回 | 名　称 | 国際ゆめ交流博覧会 |
| | テーマ | 世界をむすぶ　人と心 |
| | 開催期間 | 1997年7月19日〜9月29日 |
| | 開催地 | 宮城県仙台市 |
| | 入場者数 | 106万人 |
| 第9回 | 名　称 | JAPAN EXPO南紀熊野体験博 |
| | テーマ | こころにリゾート実感 |
| | 開催期間 | 1999年4月29日〜9月19日 |
| | 開催地 | 和歌山県田辺市・那智勝浦町 |
| | 入場者数 | 310万人 |
| 第10回 | 名　称 | 北九州博覧祭 |
| | テーマ | 響きあう　人・まち・技術 |
| | 開催期間 | 2001年7月4日〜11月4日 |
| | 開催地 | 福岡県北九州市 |
| | 入場者数 | 216万人 |
| 第11回 | 名　称 | うつくしま未来博 |
| | テーマ | 美しい空間　美しい時間 |
| | 開催期間 | 2001年7月7日〜9月30日 |
| | 開催地 | 福島県須賀川市 |
| | 入場者数 | 166万人 |
| 第12回 | 名　称 | 21世紀未来博覧会 |
| | テーマ | いのち燦（きら）めく未来へ |
| | 開催期間 | 2001年7月14日〜9月30日 |
| | 開催地 | 山口県阿知須町 |
| | 入場者数 | 251万人 |

（出所）　筆者作成.

パンエキスポ」として認定し，地域の自主性・主体性に基づく創造的で独創的な博覧会の開催を推進することを目的に1989（昭和64）年に制定された制度の愛称で，正式には「特定博覧会制度」という．第1回が富山県で開催され，地方博覧会ブームを起こした後，一定の役割を果たしたとして，第10回北九州博覧祭2001，第11回うつくしま未来博，第12回未来博覧会が開催された2001年をもって終了した（表11-1）．

## 11.3 博覧会と地域の観光振興

### 11.3.1 日本開催の国際博覧会と観光における効果

日本においては現在までに2つの登録博と3つの認定博が開催されている．

╭─────────────╮
│ 2つの登録博 │
╰─────────────╯

■日本万国博覧会（Japan World Exposition；Osaka Japan,1970）

テーマ：人類の進歩と調和（Progress and Harmony for Mankind）

主催：財団法人日本万国博覧会協会

会場：大阪府吹田市千里丘陵

会期：1970年3月14日〜9月13日（183日間／一般公開は3月15日から）

入場者数：6421万8770人

参加国数：77カ国，4国際機関，1政庁，6州，3都市，国内地方公共団体，2外国企業，28国内企業・団体

入場料金：大人（23歳以上）800円，青年（15〜22歳）600円，小人（4〜14歳）400円

【観光面での効果】

　日本で初めての万国博覧会は多くの社会的貢献を果たした．この万博の影響として，関西のインフラ整備面においては高速道路，伊丹空港の国際化整備，千里ニュータウンの建設などが主なものとしてあげられる．観光に関しては，海外のパビリオンを通じて優れた技術や文物，会場の外国人と触れ合うことで，海外への知的欲求や好奇心が刺激され，開催翌年から日本人の海外旅行者数が訪日外国人を上回ることとなった．1969（昭和69）年及び1970

年の訪日外国人旅行者数はそれぞれ60万9000人，85万4000人（日本人海外旅行者数49万3000人，66万3000人）であったが，万博翌年の1971（昭和46）年は訪日外国人旅行者数66万1000人に対して日本人海外旅行者数が96万1000人になり逆転してしまった（2015年には，日本人の海外旅行者数を訪日外国人旅行者数が1970年以来再び上回ることとなった）．

　博覧会見物による国民大移動は交通機関，旅行社の発展の大きな転機となった．当時の国鉄（現・JR）は約2200万人（内，新幹線は約900万人）の万博見物客を輸送している．万博終了後に国鉄(現・JR)と電通により「ディスカバー・ジャパン・キャンペーン」がスタートした．このキャンペーンには女性雑誌の発刊が大きく寄与した．1970年3月創刊の『an・an』と翌1971年5月創刊の『non-no』である．旅とファッションをコンセプトに掲げ，若い女性を日本の旅へと誘った．とりわけ小京都と呼ばれる高山，萩，金沢など地方都市の魅力をとり上げてアンノン族とネーミングされる社会現象を巻き起こした．

■2005年日本国際博覧会（The 2005 World Exposition, Aichi, Japan）
　テーマ：自然の叡智（Nature's Wisdom）
　サブテーマ：宇宙，生命と情報（Nature's Matrix）
　　　　　　人生の"わざ"と智恵（Art Life）
　　　　　　循環型社会（Development for Eco-Communities）
　主催：財団法人2005年日本国際博覧会協会
　会場：愛知県愛知郡長久手町・豊田市・瀬戸市
　会期：2005年3月25日〜9月25日（185日間）
　入場者数：2204万9544人
　参加国数：121カ国（日本を含む），4国際機関（その中の国際連合には国連本部
　　　　　　及び国連関係機関33を含む）
　入場料金：大人4600円，中人2500円，小人1500円
　公式キャラクター：モリゾーとキッコロ
【観光面での効果】
　この機会を利用して産業観光への取り組みが行われ，産業をテーマにした

観光振興が全国に広がる先駆けに中京圏がなった。1996（平成8）年，名古屋商工会議所では中京圏の産業文化財の集積を主な観光資源とし，万博を控えて，中京圏が交流中枢としての機能を果たすため，「産業観光」キャンペーンを展開することを決定した。名古屋を中心とする中京圏には，特色ある工場をはじめとして「ものづくり」の集積地となっている。この地域のそれらの工場や産業文化財を収蔵している資料館・博物館などを含む推進体制づくりが行われ，産業観光モデルコースの設定などがなされていった。中京圏は，万博以後も更なる充実を目指して，国内外への情報発信や受け入れ態勢の充実を図るなど，産業観光への取り組みを強化している。

## ３つの認定博

■沖縄国際海洋博覧会（International Ocean Exposition, Okinawa Japan, 1975）

テーマ：海──その望ましい未来（The Sea We Would Like to See）

主催：日本国政府

会場：沖縄県国頭郡本部町

会期：1975年7月20日〜1976年1月18日（183日間）

入場者数：348万5750人（当初予測は445万3000人）

出展数：47（日本2，海外35，国際機関3，民間企業7）

入場料金：大人1800円，青年1400円，小人1000円

代表的な展示施設：未来型海洋都市モデル「アクアポリス」

【観光面での効果】

1972（昭和47）年5月15日にアメリカの委任統治下にあった沖縄が日本の統治下に復帰し沖縄県が誕生した。その本土復帰を記念し，1975年に「海洋」をテーマにした世界初の国際博が開催された。

総入場者は予測から100万も少ない結果となったが，入場者の約7割が本土からの来訪者であったことがその後の沖縄観光に大きな影響を残すこととなった。平野（1999）は「沖縄本島南部の戦跡を訪れた人々は，第二次世界大戦の激しさとその間に味わった島民の困苦を胸に刻むとともに，琉球の歴史を再発見するなど『沖縄』に対する認識を深めることに役立ったことは間違いない」とその開催意義を認めている。それまでの沖縄用の旅券，免税措

置などに象徴される半外国のような位置づけから，美しい透明度の高い海やサンゴ礁，個性豊かな琉球文化をもつ自由に往来できる魅力あふれる観光地となったのである．

■国際科学技術博覧会（The International Exposition, Tsukuba, Japan, 1985）
テーマ：人間・居住・環境と科学技術
　　　　（Dwellings and Surroundings-Science and Technology for Man at Home）
主催：財団法人国際科学技術博覧会協会
会場：茨城県・筑波研究学園都市
会期：1985年3月17日〜9月16日（184日間）
入場者数：2033万4727人
参加国数：48カ国（日本含む），37国際機関，28民間企業・団体
入場料金：大人2700円，中人1400円，小人700円

【観光面での効果】

　筑波研究学園都市の建設プロジェクトの強力な推進力となることを主として，科学技術を通じて希望に満ちた未来の創造に寄与することを目的としたものであった．最新技術を駆使したロボット，映像，通信，交通など様々な未来志向の展示が行われた．

　内容については，人間の生活の便利さの追求だけではなく松下館の映像「日本人のふるさと」にみられるような“心”を考えたものもあった．そこでは，中国・雲南省の農村や中央アジアの草原にロケし，そこで生活する人々の様子が映し出されていた．科学技術の発達によりより豊かな生活がもたらされる反面，秩序ある自然の環境システムを乱すことにもなりかねない．人間と自然界のバランスを保てないと21世紀の人類はとんでもない「しっぺ返し」を自然界から受けることになる，と危惧する知識人もいた（毎日新聞社 1985：134-135）．

　観光関連の要素をあげれば，テクノポリスにある全長85mの世界一（当時・ギネスブック申請）の大観覧車が人気を呼び，以後，観覧車の全長記録は次々と塗り替えられることになる．日立グループ館の立体CGによる宇宙模擬体験旅行は，宇宙基地から宇宙船に乗って，ワープしながら土星，火星，ハレー

彗星，木星などを巡る模擬旅行体験ができるものであった．日本の科学技術のあゆみを示す歴史館では，1893（明治26）年に作られた国産初の860型蒸気機関車が展示され，機関車の組み立ての実演もあった．また1000人以上収容の大規模なカプセルホテルや国鉄のブルートレインによる列車ホテルなど万博の客を当て込んでの営業がなされていた．

■国際花と緑の博覧会（The International Garden and Greenery Exposition, Osaka, Japan, 1990）

　テーマ：花と緑と人間生活のかかわりをとらえ，21世紀へ向けて潤いのある豊かな社会の創造を目指す．

　主催：財団法人国際花と緑の博覧会協会

　会場：大阪市鶴見区・守口市

　会期：1990年4月1日〜9月30日（183日間）

　入場者数：2312万6934人

　参加国数：83カ国（日本含む），55国際機関，212民間企業・団体

　入場料金：大人2990円，中人1550円，小人820円

【観光面での効果】

　この「大阪花博」は，当初は1989（平成元）年に大阪市が市制100周年を迎えるに際して，その記念行事として都市緑化フェアを開催する方向で準備が進められていた．しかしその後，「緑の三倍増構想」の実現を目指して，建設省が取りまとめた「21世紀緑の文化形成を目指して」の政策と合致する国際博覧会として開催されることになったのである．

　この博覧会は，産業革命以後産業の振興，技術開発などが大きなテーマとなってきた従来型の博覧会の概念から21世紀型へと大きく脱却するきっかけとなるものとなった．「自然との共生」というコンセプトがその後の愛・地球博などの博覧会のテーマに大きな影響を与え，地域振興のための博覧会に替わる大型イベントの開催において，「花と緑」「アート」などのコンセプトによるイベントが登場することになるのである．

　花と緑というテーマ，そして国際園芸博という位置づけから，世界の園芸を楽しみに人々が多く訪れた．フラワーツーリズムが成立していたのである．

会場が大阪ということで自然景観を楽しむという観光ではなく，庭園などの自然を介した社交やリクリエーションという新しい楽しみ方の提案があった．また地球の自然と人々の生活の調和を考える意味でエコツーリズムを考える機会にもなり，この博覧会の理念が「淡路花博・ジャパンフローラ2000（地方博）」の開催へと継続されるのである．

### 11. 3. 2　2025大阪・関西万博の計画概要と開催意義

2018年11月23日，フランス・パリで行われた博覧会国際事務局（BIE）の総会において，2025年の万博開催地が大阪に決定した．2025年日本国際博覧会（2025大阪・関西万博）の計画概要は次の通りである（図11-3）．

◆テーマ　　　：「いのち輝く未来社会のデザイン」
　　　　　　　　"Designing Future Society for Our Lives"
◆サブテーマ：Saving Lives（いのちを救う）
　　　　　　　　Empowering Lives（いのちに力を与える）
　　　　　　　　Connecting Lives（いのちをつなぐ）
◆コンセプト：未来社会の実験場　"People's Living Lab"
◆開催期間：2025年4月13日〜10月13日（184日間）
◆目標入場者数：約2800万人
◆開催場所：夢洲（大阪市此花区），約155haを想定
◆アクセス：地下鉄中央線の延伸計画，主要駅からのシャトルバスの運行
　　　　　　など
◆開催経費（想定）：〈会場建設費〉1250億円　〈運営費〉820億円
◆経済波及効果（経済産業省試算）：約2兆円

経済産業省は，2017年4月にまとめた「2025年国際博覧会検討会報告書」の中で，関西・大阪で開催する意義として，①和食や伝統芸能，お笑いなどの豊かな文化の発信地であり，質的な豊かさが実感できる．②日本第2の都市圏であり，関西国際空港や大阪港などを通じた世界からの交通アクセスが容易である．さらに正確な時間で運転する地下鉄やバスなどの世界有数の高水準な都市

（出所）（公益社団法人）2025年日本国際博覧会協会提供.
**図11-3　2025大阪・関西万博会場イメージ図（基本計画前のもの）**

機能を有している．③大阪商人の「商ハ笑ニシテ勝ナリ」や，近江商人の「三方よし」という言葉に代表される「売り手だけでなく，買い手も満足する商売」「社会貢献もできる商売」を尊ぶ精神の発祥地であり，新たな経済システムを議論するのにふさわしい．④阪神淡路大震災から30年経った2025年に，自然災害を乗り越えた社会の姿を見ることができる．⑤高い技術を有するものづくり企業や医療研究拠点などが近距離圏内に存在し，訪日の機会にイノベーションの具現化ができる．⑥開催地が人工島であることを生かし，白地の上に博覧会場を描くことができる．さらに，会場が開催期間中に限られない中長期的なまちづくり計画の中に位置づけられることで，国際博覧会のレガシー（遺産）を後世に残していくことができる．という６つの点をあげている．

　また，公益社団法人2025年日本国際博覧会協会（2019）[4]は，次の３つを開催におけるポイントとしている．

① SDGsの達成に向けた万博

　・誘致に際して，Society5.0を鍵としたSDGs（持続可能な開発目標）達成（目標年2030年）への貢献という訴えが国際的に高く評価された.

　・そのため，日本のSociety5.0に向けた成長戦略を一層加速させることによっ

て，SDGsの達成に向け，途上国を含めた多くの参加国と共に創る万博とすること（Co-creation）が重要である.

②未来社会の実験場

・万博を，新たなアイディアが次々と生み出され，社会実験に向けて試行される「未来社会の実験場」とする.

・そのため，実験的なプロジェクトを推進する仕組みを設けるとともに，国内外の新たな人材を登用するなど，イノベーションの創出とその実装に向けた工夫を凝らすことが必要である.

③地域経済活性化

・万博は，日本を魅力を世界に発信する絶好の機会

・開催地である大阪・関西のみならず，日本各地を訪れる観光客を増大させ，地域経済活性化する.

　そして，テーマ"いのち輝く"を３つの"いのち"「Saving Lives救う（感染症の取り組み，健康寿命の延長），Empowering Lives力を与える（AIやロボットを活用した教育や仕事），Connecting Livesつなぐ（異文化理解の促進，イノベーションの創出）」に分類し，具体的な展開方法を検討している.

※本書の刊行時（初版第１刷）において博覧会基本計画は策定中であったため，執筆内容において2020年12月に策定された2025年日本国際博覧会（略称「大阪・関西万博」）基本計画とは会場イメージ図等を含め，若干の相違が生じている．詳細は下記の基本計画を参照されたい.

https://www.expo2025.or.jp/overview/masterplan/

## お わ り に

　地域活性化の柱として観光振興を掲げるイベントは数多く開催されている．地方博覧会もその流れの中で開催されてきたのは先に述べた通りである．パビリオン，コンパニオン，ハコモノ，インフラ整備，外木戸型（囲い込んで入場料を払って見物する）など，20世紀型博覧会として括られるものが，その時代の都市・地域にあって一定の成果を上げてきたのは事実である.

　しかし，そのような20世紀的手法がそのままでは通用しなくなった．それは，

21世紀の情報革新，ハードからソフトへ，環境重視，少子高齢社会等々のキーワードのトレンドから見えるように，21世紀には，そのままではそぐわない形式であるといえるからである．ただし，形式は違えども博覧会の持つ意味，また多くの人が集まり交流することが可能なイベントは，バーチャルでは得られないリアルなライブとして益々重要になってくるであろう．

　日本で開催された5つの国際博覧会は旅行会社の発展や産業観光というニューツーリズムの振興に寄与するなど観光産業に大きな役割を果たしてきた．テーマの設定についても新たな課題が人類に課せられることに対する解決の方法を探る機会ともなる博覧会開催の意義は大きく，また果たす役割も重要である．

　博覧会のテーマも，従来型の開発から，保全，保護，共生などといったものに移っていく傾向にある．そのような中で，災害大国と揶揄されたり長寿大国ともてはやされる日本が，過去の教訓を生かしながら最先端の科学技術の有効利用を図りつつ，博覧会手法を持って各国に手本を示していくことの意義は大きい．

## 注

1）　トーマス・クックグループは，2019年9月23日にロンドンの裁判所に破産申請をした（『朝日新聞』2019年9月24日付）．
2）　博覧会研究と博覧会関連資料コレクターとして著名な寺下（2005）の「日本の博覧会年表」をベースに，「イベント白書2000」「乃村工藝社資料室博覧会資料」からの博覧会情報を加えて加筆，修正し作成．1900年前後に一部重要性から入場者数40万人未満のものも含む．乃村工藝社情報資料室にて資料確認（博覧会誌含む）．
3）　毎日新聞シリーズ記事「復興博ガイド」に外国館（1948年9月11日），観光館（1948年9月13日）の記事が掲載．
4）　公益社団法人2025年日本国際博覧会協会説明資料による（2019年9月13日ヒアリング時）．

## 参考文献

石川敦子（2011）『復興博覧会の軌跡』イベント学会．
大阪市役所（1958）『大阪市戦災復興誌』．
梶原貞幸編（2012）『イベント・プロフェッショナル』社団法人日本イベント産業振興協会．

株式会社ジェイティービー（2012）『JTBグループ100年史　1912-2012』.

工藤泰子（2007）「占領下京都における国際観光振興について」『日本観光研究学会全国大会
　　　学術論文集』第22号，日本観光研究学会，pp. 93-96.

工藤泰子（2010）『近代京都と都市観光──京都における観光行政の誕生と展開──』

桑田政美（2015）「大阪における復興大博覧会と観光館──都市観光再生への歴史的考察──」
　　　『観光研究』Vol. 26，№ 2，日本観光研究学会.

桑田政美（2017）『博覧会と観光──復興と地域創生のための観光戦略──』日本評論社.

椎名仙卓（2005）『日本博物館成立史──博覧会から博物館へ──』雄山閣.

清水章（2006）『日本装飾屋小史』創元社.

須田寛・徳田耕一・安村克己（2002）『新・産業観光論』すばる舎.

請願委員会（1946）「議事録第 8 回1946年 8 月23日」.

綜合ユニコム（2001）『月刊レジャーと産業資料』№ 418，2001年.

通商産業省（1989）『通産省公報』（1989年11月17日）.

通商産業省産業政策局商務室編（1989）『JAPAN EXPO』日本イベント産業振興協会.

寺下勲（2005）『日本の博覧会──寺下勲コレクション──』平凡社.

電通編（1976）『沖縄国際海洋博覧会公式記録（総合編）』沖縄国際海洋博覧会協会.

東京都総務局観光課（1948）「第 1 回観光講座講義録」.

東京都総務局観光課（1949）「第 2 回観光講座講義録」.

日経BP社（1993）『日経イベント』11月号.

日本イベント産業振興協会能力・コンテンツ委員会監修（2015）『（イベント検定公式テキスト）
　　　基礎から学ぶ，基礎からわかるイベント』日本イベント産業振興協会.

平野繁臣（1999）『国際博覧会歴史事典』内山工房.

平野繁臣監修（1999）『イベント用語事典』日本イベント産業振興協会.

復興記念横浜大博覧会編（1936）『復興記念横浜大博覧会誌』.

古川隆久（1998）『皇紀・万博・オリンピック──皇室ブランドと経済発展──』中央公論
　　　社〔中公新書〕.

本城靖久（1996）『トーマス・クックの旅──近代ツーリズムの誕生──』講談社〔講談社
　　　現代新書〕.

毎日新聞社　大阪（1948）『毎日新聞』1948年 9 月19日付.

毎日新聞社（1949）『復興大博覧会誌』.

毎日新聞社（1952）『毎日新聞70年』.

毎日新聞社（1985）『毎日グラフ増刊・科学万博つくば ʼ85完全ガイド』.

松下幸之助（1954）「観光立国の辯」『文藝春秋』 5 月号，文藝春秋社.

間仁田幸雄（1991）『地域を創る夢装置』誠文堂新光社.

森延哉（1998）「昭和23年復興大博覧会──大阪経済リハビリの時代──」『大阪春秋』第91号，
　　　大阪春秋社.

吉田光邦（1970）『万国博覧会』日本放送出版協会.

吉見俊哉（1992）『博覧会の政治学』中央公論社，〔中公新書〕.

吉見俊哉（2011）『万博と戦後日本』講談社，〔講談社学術文庫〕.

乃村工藝社『博覧会資料COLLECTION』〈http://www.nomurakougei.co.jp/expo/?p=2〉
　　　　2012年12月27日取得.

**編著者紹介**

＊谷 口 知 司（たにぐち　ともじ）　　[まえがき，第１章，第３章，第６章]
　　東北大学大学院教育情報学教育部博士前期課程修了，博士（文化政策学）．
　　現在，京都橘大学現代ビジネス学部教授，同大学院文化政策学研究科教授．
　主要業績
　　『これからの観光を考える』（共編著，晃洋書房，2017）
　　『デジタルアーカイブの資料基盤と開発技法』（共編著，晃洋書房，2015年）
　　『デジタルアーカイブの構築と技法』（共編著，晃洋書房，2014年）
　　『観光ビジネス論』（共編著，ミネルヴァ書房，2010年）

＊福 井 弘 幸（ふくい　ひろゆき）　　[第８章，第９章，第10章]
　　大阪市立大学大学院創造都市研究科修士課程修了，修士（都市ビジネス）．
　　現在，京都橘大学経済学部准教授，同大学院現代ビジネス研究科准教授
　主要業績
　　『これからの観光を考える』（共編著，晃洋書房，2017年）

**執筆者紹介**

　小 林 弘 二（こばやし　こうじ）　　[第２章]
　　同志社大学大学院総合政策科学研究科博士後期課程修了，博士（政策科学）．
　　現在，阪南大学大学院企業情報研究科教授，国際観光学部教授．
　主要業績
　　『改訂版　変化する旅行ビジネス』（編著，図書出版文理閣，2021年）
　　『旅行ビジネスの本質』（単著，晃洋書房，2007年）
　　『ビジネスモデルと企業政策』（編著，晃洋書房，2006年）

　松 田 充 史（まつだ　みつふみ）　　[第４章]
　　大阪市立大学大学院創造都市研究科修了，修士（都市政策）．
　　現在，大阪成蹊大学経営学部教授．
　主要業績
　　『これからの観光を考える』（共著，晃洋書房，2017年）
　　『旅館が温泉観光を活性化する』（単著，大阪公立大学共同出版会，2018年）

　田 中 祥 司（たなか　しょうじ）　　[第５章]
　　関西学院大学専門職大学院経営戦略研究科修了，経営管理修士（専門職）．
　　早稲田大学大学院商学研究科博士後期課程．
　　現在，摂南大学経営学部准教授．
　主要業績
　　「ブランドの「本物感」を構成する要素の測定」（共著，『流通研究レター論文特集号』第19号第
　　１巻，2016年）などがある．

福 本 賢 太（ふくもと　けんた）　　[第7章]

　　同志社大学大学院総合政策科学研究科修了，修士（政策科学）.

　　現在，阪南大学国際観光学部教授.

**主要業績**

　『これからの観光を考える』（共著，晃洋書房，2017年）

　『地域創造のための観光マネジメント講座』（共著，学芸出版社，2016年）

　『現代の観光事業』（共著，ミネルヴァ書房，2009年）


桑 田 政 美（くわた　まさよし）　　[第11章]

　　大阪市立大学大学院創造都市研究科博士後期課程修了，博士（創造都市）.

　　現在，大阪公立大学大学院都市経営研究科客員教授，嵯峨美術大学名誉教授.

**主要業績**

　『博覧会と観光——復興と地域創生のための観光戦略——』（単著，日本評論社，2017年）

　『地域創造のための観光マネジメント講座』（共著，学芸出版社，2016年）

　『観光デザイン学の創造』（編著，世界思想社，2006年）

ひろがる観光のフィールド

| 2020年2月29日　初版第1刷発行 | ＊定価はカバーに |
| 2022年9月15日　初版第2刷発行 | 表示してあります |

編著者　　谷　口　知　司 ©
　　　　　福　井　弘　幸

発行者　　萩　原　淳　平

印刷者　　河　野　俊一郎

発行所　株式会社　晃　洋　書　房

〒615-0026　京都市右京区西院北矢掛町7番地
電話　075(312)0788番(代)
振替口座　01040-6-32280

装丁　クリエイティブ・コンセプト　印刷・製本　西濃印刷㈱
ISBN 978-4-7710-3309-2